# कौमारभृत्य एकल वनौषधि सार संग्रह



लेखक
डॉ. प्रवीण मसराम
एम.डी, पीएच.डी– कौमारभृत्य
अनुसंधान अधिकारी (आयु)
क्षेत्रीय आयुर्वेदीय अनुसंधान केन्द्र, पोर्टब्लेयर
अंडमान एवं निकोबार द्वीपसमूह

अकिनीक पब्लिकेशन्स
नई दिल्ली

**पुस्तक का शीर्षक**
कौमारभृत्य – एकल वनौषधि सार संग्रह

**लेखक**
डॉ. प्रवीण मसराम

**प्रकाशक**
अकिनिक पब्लिकेशन्स
169, सी – 11, सेक्टर – 3,
रोहिणी, नई दिल्ली – 110085, भारत
टोल फ्री (भारत) – 180012340470

**प्रथम संस्करणः** 2018
**पृष्ठः** 149
**मूल्यः** ₹ 595/-

**ISBN:** 978-93-5335-077-2

**प्रकाशक**
अकिनिक पब्लिकेशन्स, नई दिल्ली

## सहयोगी लेखक

❖ डॉ संतोष माने

शैक्षिक पृष्ठभूमि: एम.डी,पीएच.डी. (संहिता)

स्नातकोत्तर आयुर्वेद शिक्षण एवं अनुसंधान संस्थान (IPGT & RA), गुजरात आयुर्वेद विश्वविद्यालय, जामनगर, गुजरात

[संहिता एवं अन्य ग्रंथ संदर्भ - भाग]

वर्तमान पदनाम: अनुसंधान अधिकारी (आयु.), केंद्रीय आयुर्वेदीय विज्ञान अनुसंधान परिषद्, आयुष मंत्रालय, भारत सरकार, नई दिल्ली के तहत सहयोगी पशु आयुर्वेद अनुसंधान केन्द्र, गुरु अंगद देव पशु चिकित्सा और पशु विज्ञान विश्वविद्यालय, लुधियाना, पंजाब -141004

❖ डॉ. वेदिका आडे

शैक्षिक पृष्ठभूमि: एम.एस (शालाक्यतंत्र)

स्नातकोत्तर आयुर्वेद शिक्षण एवं अनुसंधान संस्थान (IPGT & RA), गुजरात आयुर्वेद विश्वविद्यालय, जामनगर, गुजरात-361008

[प्रमुख योग एवं द्रव्यों के मुख्यकर्म- भाग]

यह कार्य
श्री राधेशामजी मसराम और श्रीमती
विमल मसरामको समर्पित है।

# प्राक्कथन

शब्दों के महासागर में शाश्वत भावनाओं को व्यक्त करने के लिये कुछ शब्द पर्याप्त नहीं होते है, परंतु मैं शब्दों में स्वयं को व्यक्त करने की कोशिश कर रहा हूँ, क्योंकि यह अनुभव का विषय है। वर्तमान पुस्तक के कार्य को पूरा करने के लिये जो ज्ञान, स्वास्थ्य और शक्ति जिससे मिली है उस ईश्वर को सबसे पहले नमन करता हूँ। मैं उन सभी आयुर्वेद के आचार्यो को भी नमन करता हूँ जिनके द्वारा लिखित अमूल्य ग्रंथो से मैंने आयुर्वेद का ज्ञान अर्जित किया है।

*हिताहितं सुखं दुःखमायुस्तस्य हिताहितम्।*
*मानं च तच्च यत्रोक्तमायुर्वेदः स उच्यते॥* -(चरक संहिता १/४०)

आयुर्वेद अर्थात जिस ग्रंथ में हित आयु (जीवन के अनुकूल), अहित आयु (जीवन के प्रतिकूल), सुख आयु (स्वस्थ जीवन), एवं दुःख आयु (रोग अवस्था) इनका वर्णन हो उसे कहते हैं। आयुर्वेद शरीर, मन और आत्मा के बीच संतुलन बनाकर स्वास्थ में सुधार करता है। आयुर्वेद न केवल एक चिकित्सा पद्धति है बल्कि यह जीवन जीने का ऐसा तरीका सिखाता है, जिससे जीवन लंबा और सुखी होता है। सृष्टि के आरम्भ से ही मानव अपनी आयु तथा अपने स्वास्थ्य के प्रति सचेत रहा है। समय-समय पर आयुर्वेद के आचार्यो ने मानव के स्वास्थ्य के लिये कल्याणकारी सिद्धांतों का संकलन कर ग्रन्थों का निर्माण किया है।

आयुर्वेद में अष्टांग आयुर्वेद का वर्णन मिलता है और कौमारभृत्य उसी का एक अंग है। कौमारभृत्य विषय मुख्यत: बालको की चिकित्सा के लिये ही वर्णित है। अत: मै कौमारभृत्य का विद्यार्थी होने से मैंने यह पुस्तक बालको की चिकित्सा को सामने रखते हुये लिखी है। आज आयुर्वेदिक औषधि का महत्व विश्व पटल पर बहुत तेजी से बढ़ रहा है। इस पुस्तक के शीर्षक में जो "एकल वनौषधि" शब्द है वह यह दर्शाता है, इस पुस्तक में आयुर्वेदिक वनस्पति द्रव्य का वर्णन किया है। आयुर्वेद में अनेक वानस्पतिक औषधियों का वर्णन मिलता है परंतु इस पुस्तक में बालकों के लिये जो अति महत्वपूर्ण है और आसानी से उपलब्ध होती है उन वनस्पतियों का वर्णन किया है। इसमें से कुछ तो आपके रसोई घर में मिल जाती है या घर के निकततम होती है। इस पुस्तक में मैंने औषधि वनस्पतियों की उपलब्ध जानकारी को संकलित किया है। व्याधि के लिये जो औषधि कही गयी है उसको चिकित्सीय योगों के

साथ वर्णन किया है। औषधि वनस्पति के गुण, उपयोगिता और उनके लाभों के बारे में विस्तृत वर्णन किया है।

*दोषदूष्यमलाश्चैव महतां व्याधयश्य ये। त एव सर्वे बालानां मात्रा त्वल्पत्तरा मता:॥* च.चि.30/282

जो औषधि बड़े आयु वाले व्यक्ति में दी जाती है, उसका उपयोग विवेक पूर्ण, मात्रा के अनुसार कौमारभृत्य के चिकित्सक को करना चाहिये। पुस्तक के अन्त में संदर्भ दिया है जिसके आधार पर औषधि मात्रा निश्चित करने में सुगमता होगी।

मुझे हमेंशा प्रेरित करने वाले, मेंरे एम.डी. के निर्देशक प्रो. वी.एम.सिंह, विभाग प्रमुख, कौमारभृत्य विभाग, आयुर्वेद संकाय, चिकित्सा विज्ञान संस्थान, बनारस हिन्दू विश्वविद्यालय, वाराणसी, उत्तरप्रदेश के प्रति आभार व्यक्त करता हूँ और उन्हें नमन करता हूँ। इसी साथ मैं, अपने पी.एच.डी. के निर्देशक प्रो. कल्पना.एस.पटेल, विभाग प्रमुख, कौमारभृत्य विभाग, स्नातकोत्तर आयुर्वेद शिक्षण और अनुसंधान संस्थान, गुजरात आयुर्वेद विश्वविद्यालय जामनगर, गुजरात के प्रति आभार व्यक्त करता हूँ और उन्हें भी नमन करता हूँ। मैं प्रो.(वैद्य) के.एस.धिमान, महानिदेशक, केन्द्रीय आयुर्वेदीय विज्ञान अनुसंधान परिषद् (आयुष मंत्रालय), नई दिल्ली के प्रति आभार व्यक्त करता हूँ और उन्हें भी नमन करता हूँ। आप हमेशा मेरे लिये प्रेरणास्त्रोत और मार्गदर्शक रहे है।

मैं डॉ. बिरेन्द्रकुमार कोरि, डॉ. राजगोपाला एस, डॉ. प्रेमशंकर उपाध्याय, डॉ. पी.के.दास, डॉ. सूर्यकिरण वाघ के प्रति आभार व्यक्त करता हूँ। इन सभी महानुभावों के सानिध्य रहते हूये मैं अपने आप को गौरवान्वित महसूस किया है। मेंरे पुस्तक लेखन के कार्य में सभी प्रेरणादायी रहे है। मैं उन सभी संस्थानो के अध्यापकों के प्रति आभार व्यक्त करता हूँ जहाँ मैंने अध्ययन किया या शिक्षक के रुप में कार्य किया।

मेंरे सहयोगि लेखक डॉ.संतोष माने और डॉ.वेदिका आडे ने इस पुस्तक के निर्माण के लिये जो सहभाग दिया उनके सकारात्मक सहयोग मे हि इस पुस्तक का कार्य पूरा हो सका। मैं उन्हें भी धन्यवाद देना चाहता हूँ।

मै मेरे परिवार के सभी सदस्य को धन्यवाद देना चाहता हूँ, जिन्होंने अपना समय व सहयोग इस कार्य को पुरा करने में दिया जिसके बिना यह कार्य पुरा होना असम्भव था।

विद्यार्थी जीवन से लेकर अब तक जिन महानुभावों का प्रत्यक्ष एवं अप्रत्यक्ष रुप से सहयोग प्राप्त हुवा उन्हें भी मैं धन्यवाद देता हूँ।

शैक्षणिक क्षेत्र के मित्रगन डॉ.सचिन मुळीक, डॉ.अनिल अव्हाड, डॉ.मृदुल रंजन, डॉ.पंकज पाठक, डॉ.रमेश के.एल, डॉ.प्रशांथ, डॉ.शिवानंद, डॉ.सुमेध पाईकराव का स्नेह हमेशा मिला है।

यह मेरा प्रथम पुस्तक लिखने का प्रयास है। आयुर्वेद एक अथांग सागर है और हिमालय से भी ऊँचा है। उसमे से मैंने अपने अल्प ज्ञान से जो संकलित किया है, इसमे कई सारी गलतियां और त्रुटि होना स्वाभाविक है। वाचक गण उन त्रुटियों को रिमार्क करेगे और मुझ तक भेजने का कष्ट करेगे ऐसी मैं आशा करता हूँ।

"कौमारभृत्य- एकल वनौषधि सार संग्रह" कौमारभृत्य चिकित्सकों, आयुर्वेद के छात्र, द्रव्यगुण के छात्र और अध्यापकों को यह उपयोगी सिद्ध होगी ऐसी आशा करता हूँ।

दिनांक-

पोर्ट ब्लेयर

डॉ. प्रवीण मसराम

# विषयानुक्रमणिका

# संकेत निर्देश

| | |
|---|---|
| अ.सं. | अष्टांग संग्रह |
| अ.हृ.उ | अष्टांग हृदय उत्तरतंत्र |
| अ.हृ.चि | अष्टांग हृदय चिकित्सास्थान |
| उ | उत्तरतंत्र |
| उ.अ | उत्तरतंत्र अध्याय |
| क्र | क्रमांक |
| च.चि. | चरकसंहिता चिकित्सास्थान |
| च.सु. | चरकसंहिता सूत्रस्थान |
| चि | चिकित्सास्थान |
| चि.अ | चिकित्सा अध्याय |
| प्रि.नि | प्रिय निघंटु |
| भा.नि. | भावप्रकाश निघंटु |
| शा | शारीरस्थान |
| सु | सूत्रस्थान |

# 1. अजमोदा

- **हिन्दी नाम**: अजमोद
- **संस्कृत नाम**: अजमोदा
- **वानस्पतिक नाम**: *Carum roxburghianum* Benth ex Kurz
- **फॅमिली**: Umbelliferae
- **संहिता एवं अन्य ग्रंथ संदर्भ**
  - **हारीत संहिता**: गलशुण्डिका व्याधि में दिन और रात में अजमोदा चूर्ण को मुख में धारण करने का (कवल/गंडुष) विधान है (चि.अ 45)। साथ ही दन्तशूल में भी अजमोदा और वचा चूर्ण को दाँत की जड़ पर लगाने का विधान है।
  - **चक्रदत्त**: शीतपित्त में सात दिन तक पुराने गुड़ के साथ अजमोदा चूर्ण का प्रयोग बताया गया है।
- **निघंटु संदर्भ**:
  - **भावप्रकाश निघंटु**: अजमोदा कटु रस, तीक्ष्णवीर्य, अग्निदिपक, वात-कफनाशक, ह्रद्द, बलकारक, वृष्य और लघु है। यह नेत्ररोग, कृमि, ह्रदयरोग, वमन, हिक्का और बस्तिरोग में उपयोगी है।
  - **राजनिघंटु**: अजमोदा कटु, उष्ण, रुक्ष, कफ-वातहर और रुचिकर है। यह शुल, आध्मान और अग्निमांध्य में उपयोगी है।
  - **प्रियनिघंटु**: यवानी सदृश्य ही इसके गुण बताये है विशेषकर कफ-वातघ्न है। (प्रि.नि.पृष्ठ.क्र.77)
  - **धन्वतरीनिघंटु**: अजमोदा तिक्त रसात्मक, उष्णवीर्यात्मक तथा शूलघ्न एवं वात-कफनाशक है। यह आध्मान, अरुचि, अग्निमांध्य और कृमिनाशक तथा हिक्का में उपयोगी है।
  - **कैयदेव निघंटु**: अजमोदा कटु-तिक्त, कटुविपाक, उष्णवीर्य, रुक्ष, अग्निदिपक, पाचक और वात-कफनाशक है। यह ह्रदयरोग, नेत्ररोग, अरुचि, वमन, हिक्का, आध्मान, बस्तिपीड़ा और कृमि में उपयोगी है।

❖ **Phamacodynamic**

रस: कटु, तिक्त गुण: लघु, रुक्ष, तीक्ष्ण
वीर्य: उष्ण दोषकर्म: कफ-वातशामक
विपाक: कटु

❖ **प्रयोज्य अंग**: फल

❖ **Action:** Anti-Inflammatory, Diuretic, Carminative, Antiemetic, Antispasmodic

❖ **उपयोग**: हिक्का, अरुचि, कृमि

❖ **विशेष उपयोग (Special Remedy) :**

- तमकश्वास- अजमोदा के बीजों को सूती कपड़े में बांधकर पोट्टली के रूप में बाँधकर, उसे तवे के अथवा फ्राइंग प्यान के ऊपर गरम कर सुकोष्ण ही तमकश्वास के बालक के गले में माला के रूप में स्थापित करे अथवा ग्रीवा के पास रखें जिससे शिशु उसे आसनी से सूंघ सके।
- कर्णशुल- अजमोदा के बीजों को दूध में अच्छे से उबालकर, फिल्टर कर कान के ड्रॉप के रूप में प्रयोग किया जाता हैं।
- श्लैष्मिकज्वर (Influenza) में और ग्रसनी शोथ (Pharyngitis) के लिये अजमोदा के बीज, लौंग, नमक और मधु के साथ प्रयोग लिया जाता है।
- आर्द्र कास - के लिये अजमोदा के बीज चूर्ण को तक्र के साथ बालक को पिलाये।
- आध्मान- समान मात्रा में अजमोदा बीज और शुण्ठी चूर्ण लेकर उन्हें नींबू रस में भिगो दे। अतिरिक्त रस निकालने के बाद, उन्हें छाव में सूखाकर उसमें अल्प मात्रा में सैन्धव लवण डालकर चूर्ण बनालें। इसचूर्ण का गर्म पानी के साथ आंतरिक प्रयोग करे।
- उदरशूल- अजमोदा के बीज, शुण्ठी और कालानमक के मिश्रण का आंतरिक प्रयोग करे।
- श्लैष्मिकज्वर (Influenza)- अजमोदा और दालचीनी का चूर्ण समभाग प्रमाण में प्रयोग करे।
- जीर्ण कास - पुरानी खांसी में गुड़ और अजमोदा को मिश्रित कर और मिश्रण को गरम करे बच्चों को चाटने के लिये दे।
- कास- अजमोदा चूर्ण सुकोष्ण जल के साथ प्रयोग करे।

- **प्रमुख योग**: अजमोदादी चूर्ण, अजमोदादी वटी, अग्नितुंडी वटी, कृमिकुठार रस, दंतोंद्भेदगदान्तक रस, चित्रकादी वटी, कल्याणावलेह

# 2. अतिबला

- **हिन्दी नाम**: अतिबला
- **संस्कृत नाम**: कंकतिका, कंघी
- **वानस्पतिक नाम**: *Abutilon indicum* Linn. Sweet.
- **फॅमिली**: Malvaceae
- **संहिता एवं अन्य ग्रंथ संदर्भ**
  - **चरक संहिता**: अतिबलामूल को जल में घिसकर प्रतिदिन क्षीर, मधु अथवा घृत के साथ सेवन करने से रसायन समान गुण प्राप्त होते है (चि 1-89)।
  - **सुश्रुत संहिता**: अतिबलामूल जल के साथ सेवन करने से रसायन कार्य करता है (चि. 27)।
  - **चक्रदत्त**: अतिबला का क्वाथ मूत्रकृच्छ्र में प्रयुक्त होता है।
- **निघंटु संदर्भ**:
  - **भावप्रकाश निघंटु**: अतिबला का मूल वातहर, रसायन, मूत्रजनन; बीज स्नेहन, मृदु विरेचक एवं कासहर; छाल मूत्रजनन; पत्र स्नेहन और वेदनाहर है। यह मूत्रकृच्छ्र, बस्तिरोग, रक्तमूत्र, दन्तशूल, ज्वर, पित्तातिसार और कृमि में उपयोगी है।
  - **राज निघंटु**: अतिबला तिक्त, कटु, वातघ्न और कृमिघ्न है। यह दाह, तृष्णा, छर्दि और क्लेदनाशक है।
  - **प्रिय निघंटु**: वल्य, वृष्य, वात, पित्त और क्षय रोगघ्न है।
  - **धन्वतरी निघंटु**: अतिबला वात-पित्तनाशक, बल्य, वृष्य, मूत्रकृच्छ्रनाशक, स्निग्ध, आयु प्रदान करने वाली है।
  - **कैयदेव निघंटु**: कैयदेव निघंटु में बलाचतुष्ट (बला, अतिबला, महाबला और नागबला) का वर्णन मिलता है। बलाचतुष्ट स्निग्ध, मधुररस, मधुरविपाक, शीतवीर्य, ग्राही, धातुवर्धक, बलकारक, आयुष्य और शरीर की कांति को बढ़ाने वाले है। यह त्रिदोष, क्षत और क्षय में उपयोगी है।

- **Phamacodynamic**

रस: मधुर
वीर्य: शीत
गुण: लघु, स्निग्ध, पिच्छिल

विपाक: मधुर
दोषकर्म: वात-पित्तशामक

- **प्रयोज्य अंग**: पत्र, मूल, बीज

- **Action:** Dried, whole plant-febrifuge, anthelmintic, demulcent, diuretic, anti-inflammatory. Seeds are demulcent and used in cough, chronic cystitis and as laxative. Flowers are having antibacterial, anti-inflammatory activity and bark is astringent, diuretic.

- **उपयोग**: अतिबला का उपयोग कृशता, कास, विबन्ध और इसके मूल का उपयोग नाड़ीरोग तथा पक्षाघात में करना चाहिये।

- **औषधि स्वरूप**: चूर्ण, क्वाथ अथवा वटी

- **विशेष उपयोग (Special Remedy) :**
    - बालकों में रसायन द्रव्य के स्वरूप इसका प्रयोग किया जाता है।
    - बल्य होने के कारण कृशता में उपयोगी है।
    - मूत्रकृच्छ्र में मूलक्वाथ का प्रयोग किया जाता है।

- **प्रमुख योग**: दशमूलारिष्ट, महानारायण तैल

# 3. अतिविषा

- **हिन्दी नाम**: अतिस
- **संस्कृत नाम**: शुक्लकंदा, भंगुरा, शिशुभैषज्या
- **वानस्पतिक नाम**: *Aconitum heterophylum* Wall
- **फॅमिली**: Ranunculaceae
- **संहिता एवं अन्य ग्रंथ संदर्भ**:
  - **चरक संहिता**: अतिविषा चूर्ण और शुंठी का क्वाथ वना के आमातिसार में प्रयोग करने का विधान है।

    (दीपनीयपाचनीयसंग्राहकसर्वदोपहराणाम्-च.सु.25)
  - **वाग्भट संहिता**: कास, ज्वर और छर्दि में अतिविषा चूर्ण का प्रयोग बताया है (उ.2-58)।
  - **वंगसेन**: अंकोल मूलत्वक और अतिविषा चूर्ण का तंदुलोदक के साथ ग्रहणी में प्रयोग करने का विधान है। कास, ज्वर और छर्दी में अतिविषा चूर्ण का प्रयोग बताया है। तथा कास, श्वास, ज्वर और छर्दि में अतिविषा चूर्ण का मधु के साथ प्रयोग करने को कहा है।
- **निघंटु संदर्भ**:
  - **भावप्रकाश निघंटु**: अतिविषा कटु एवं तिक्तरस, उष्णवीर्य, पाचक, अग्निदीपक, पित्त-कफनाशक होती है। यह आम, अतिसार, कास, कृमि, विष और छर्दि में उपयोगी है।
  - **राज निघंटु**: अतिविषा कटु-तिक्त, उष्णवीर्य, कफ-पित्तज्वर नाशक, आमातिसार, कासघ्नी और छर्दी विनाशिनी है।
  - **प्रिय निघंटु**: अतिविषा दीपन-पाचन, शिशु के कास, अतिसार, ज्वर और वमन में लाभकर है।
  - **धन्वतरी निघंटु**: अतिविषा कटु-तिक्त, उष्णवीर्य, वात-कफनाशक, ज्वर, आमातिसार, कास और छर्दि में उपयोगी है।
  - **कैयदेव निघंटु**: अतिविषा तिक्त, उष्णवीर्य, लघु, अग्निदिपक, पाचक, पित्त-कफनाशक, आमदोप, अतिसार, कास, कृमि और छर्दि में उपयोगी है।

- **Phamacodynamic**

  रस: तिक्त, कटु
  गुण: लघु, रुक्ष
  वीर्य: उष्ण
  दोषकर्म: त्रिदोषहर
  विपाक: कटु

- **प्रयोज्य अंग**: मूल
- **Action:** Astringent, Antispasmodic
- **उपयोग**: अतिविषा का उपयोग कास, अतिसार, अजीर्ण, उदरशूल और ज्वर में किया जाता है। *Ayurvedic Pharmacopoeia of India* (API) के अनुसार इसके मूल का उपयोग छर्दि (Emesis) और कृमि (Helminthiasis) में किया जाता है।
- **विशेष उपयोग (Special Remedy) :**
  - ग्रहणीरोग: अतिविषा क्वाथ के साथ शुण्ठी एवं मुस्ता चूर्ण का प्रयोग किया जाता है।
  - कास: अतिविषा चूर्ण को कर्कटशृंगी और शहद के साथ मिलकर कास में प्रयोग किया जाता है।
  - मन्याग्रन्थिशोथ (Cervical Lymphadenitis): दूध के साथ मूलस्वरस का प्रयोग किया जाता है।
- **औषधि स्वरूप**: चूर्ण, क्वाथ
- **प्रमुख योग**: बालचातुर्भद्राचूर्ण, अतिविषादीचूर्ण, चन्द्रप्रभावटी, खदिरादीवटी, रास्नाएरंडादी कषाय, बालबटी, बृहत गंगाधरचूर्ण

# 4. अश्वगंधा

- **हिन्दी नाम**: असगंध
- **संस्कृत नाम**: वराहकर्णी
- **वानस्पतिक नाम**: *Whithania somnifra* linn
- **फॅमिली**: Solanaceae
- **संहिता एवं अन्य ग्रंथ संदर्भ**:
  - **चरक संहिता**: श्वास रोग में अश्वगंधा क्षार मधु और घृत के साथ चटाने का विधान है (चि. 17/117)। ग्रन्थि पर अश्वगंधा मूल के कल्क का सुकोष्ण लेप लगाने का भी वर्णन प्राप्त होता है (चि. 21/123)।
  - **सुश्रुत संहिता**: शोष में अश्वगंधा से सिद्ध किया क्षीर का उपयोग करने के लिये कहा गया है अथवा क्षीर से निकाले गए घृत को मिश्री के साथ देकर ऊपर से क्षीर देना का विधान है (उ. 41/42)। साथ ही क्षयरोग में अश्वगंधा चूर्ण पिप्पली और सिता के साथ घृत अथवा मधु के साथ प्रदान करने का निर्देश दिया गया है (उ. 41/42)।
  - **चक्रदत्त**: बालकों के कार्श्य में अश्वगंधा चूर्ण क्षीर, तैल, घृत, कोष्ण जल अथवा यथेच्छ अनुपान के साथ अर्ध मास तक देना चाहिये।
  - **वंगसेन संहिता**: निद्रानाश में अश्वगंधा चूर्ण घृत या मिश्री के साथ देना चाहिये।
- **निघंटु संदर्भ**:
  - **भावप्रकाश निघंटु**: अश्वगंधा तिक्त तथा कषाय रसयुक्त, उष्णवीर्य, बलकारक, रसायन एवं वात, कफ, श्वित्र, शोष और क्षय को दूर करने वाला है।
  - **राज निघंटु**: अश्वगंधा कटु, उष्ण, तिक्त, बल्य, वातहर है। यह कास, श्वास और क्षय में लाभकारी है।
  - **प्रिय निघंटु**: बल्य, वृष्य, रसायन है।

- **धन्वंतरि निघंटु**: अश्वगंधा मूर्च्छा, भ्रम, अनिद्रा, क्षय और शोष में उपयोगी है। यह कान्ति, वीर्य और बलवर्धक है।
- **कैयदेव निघंटु**: अश्वगंधा कषाय एवं तिक्त रस, उष्णवीर्य, शुक्रवर्धक, रसायन, पुष्टिकारक है। कफ, कास, व्रण, शोफ, कंडु, श्वित्र, कृमि, श्वास, क्षत और क्षय उपयोगी है।

❖ **Phamacodynamic**

| | |
|---|---|
| रस: तिक्त, कटु | गुण: लघु, स्निग्ध |
| वीर्य: उष्ण | दोषकर्म: कफवातशामक |
| विपाक: मधुर | प्रभाव: वृष्य |

❖ **प्रयोज्य अंग**: मूल

❖ **Action:** The root are used as an anti-inflammatory drug for swellings. Leaves are anti-inflammatory, hepatoprotective, antibacterial and fruits and seeds are diuretic.

❖ **उपयोग**: दुर्बलता, कृशता, रसायन

❖ **विशेष उपयोग (Special Remedy) :**

- अश्वगंधाचूर्ण नियमित रूप से लेने से बालकों में रोग प्रतिकारक शक्ति बढ़ती है।
- दूध, घृत या सुकोष्ण जल के साथ लिया गया अश्वगंधा चूर्ण बालकों के शारीरिक विकास को बढ़ावा देता है।
- अश्वगंधा कल्क को दस गुना घृत और क्षीर के साथ पकाकर इसका प्रयोग शिशुओं के कार्श्य व्याधि में किया जाता है।
- धातुक्षय में अश्वगंधा चूर्ण क्षीर और मिश्री के साथ दिया जाता है।

❖ **औषधि स्वरूप**: चूर्ण

❖ **प्रमुख योग**: अश्वगंधावलेह, सारस्वतचूर्ण

# 5. आमलकी

- **हिन्दी नाम**: आँवला
- **संस्कृत नाम**: धात्री
- **वानस्पतिक नाम**: *Emblica officinalis* Gaertn
- **फॅमिली**: Euphorbiaceae
- **संहिता एवं अन्य ग्रंथ संदर्भ**
    - **चरक संहिता**: आमलकी स्वरस का घृत के साथ ज्वर में प्रयोग बताया गया है (चि.3/187)। हिक्का में आमलकी स्वरस का प्रयोग कपित्थ और पिप्पली के साथ करने का निर्देश दिया गया है (चि.17/135)। तथा विसर्प में इसका प्रयोग घृत के साथ बताया गया है (चि.21/67)।
    - **सुश्रुत संहिता**: कृमि रोग के अनुपान में आमलकी स्वरस, बिभीतकी या हरीतकी क्वाथ को मधु के साथ प्रदान करे (उ.54/31)। पाण्डु में आमलकी स्वरस इक्षु के साथ मंथ के स्वरूप में देने का विधान है (उ.44/8)। कामला में आमलकी द्राक्षा स्वरस के साथ (उ.44/27) तथा कास में आमलकी सिद्ध क्षीर घृत के साथ प्रयोग करने के लिय कहा गया है (उ.52/36)।
    - **वाग्भट संहिता**: छर्दि में आमलकी स्वरस मूँग (Greengram) के सूप के साथ प्रयोग करने का निर्देश है (अ.सं.8/15)। साथ ही रसायन हेतु आमलकी चूर्ण का प्रयोग बताया गया है (अ.हृ.उ.40/56)।
    - **वंगसेन संहिता**: अम्लपित्त में आमलकी, शतावरी, मधु और मिश्री, क्षीर या घृत के साथ देने का वर्णन है (अम्लपित्त/49)। नेत्रवेदना में आमलकी स्वरस का नेत्र पुरणार्थ प्रयोग बताया गया है।
    - **चक्रदत्त**: पित्तजशूल में आमलकी स्वरस का मिश्री के साथ प्रयोग बताया गया है।
    - **शारंगधर संहिता**: पित्तजन्य शोथ में आमलकी स्वरस का प्रयोग बताया गया है।
- **निघंटु संदर्भ**:
    - **भावप्रकाश निघंटु**: आमलकी अत्यंत वृष्य, रसायन, त्रिदोषनाशक है।

इसका शुष्क फल ग्राही, दीपन, शीतल और रक्तस्त्रावरोधक है। तथा आमलकी स्वरस मूत्रकृच्छ्र, कामला, हिक्का, जीर्ण विबन्ध और छर्दी नाशक है। साथ ही आमलकी चूर्ण श्वास, कास, क्षय, पाण्डु और अग्निमांध्य में हितकर है।

- **राज निघंटु**: आमलकी कषाय, अम्ल, मधुर, शीत, रसायन और लघु है। यह दाह, पित्तदोष रोग और छर्दी रोग नाशक है। आमलकी फल कटु, मधुर-कषाय और किंचित अम्ल और कफघ्न है। यह छर्दी, विबन्ध और विष्टंभ में लाभकर है।
- **प्रिय निघंटु**: आमलकी शरीर गुण रक्षक, धातुवर्धक, ज्वरहर, रसायन और वय:स्थापन है। अम्लपित्त, धातुक्षय, राजयक्ष्मा और परिणामशूल में लाभकर है।
- **धन्वंतरि निघंटु**: आमलकी कषाय, कटु, तिक्त है। इसका रस त्रिदोषहर, वृष्य, ज्वरघ्न और रसायन है। आमलकी अम्लपित्त, यकृतविकार, परिणामशूल, यक्ष्मा, मूत्रकृच्छ्र और दाह में लाभकर है।
- **कैयदेव निघंटु**: आमलकी अम्ल, शीतवीर्य, मेदोरोगनाशक, केश्य, कफ-पित्तघ्न है। यह नेत्र हितकर, वृष्य और त्रिदोषहर है।

❖ **Phamacodynamic**

| | |
|---|---|
| रस: पंचरस (लवणरहित) अम्लप्रधान | गुण: रुक्ष, गुरु, शीत |
| वीर्य: शीत | दोषकर्म: त्रिदोषहर |
| विपाक: मधुर | प्रभाव: रसायन |

❖ **प्रयोज्य अंग**: फल

❖ **Action:** Fruit is antianaemic, anabolic, antiemetic, antidiarrhoeal, diuretic, carminative and antioxidant. Seeds are antibilious, antiasthmatic and bark is stringent.

❖ **उपयोग**: आमलकी का उपयोग रसायन के रूप में और रोग प्रतिकार शक्ति बढ़ाने के लिये किया जा सकता है। आमलकी के पत्र का स्वरस छर्दी में दिया जाता है।

❖ **विशेष उपयोग (Special Remedy):**

- आमलकी चूर्ण को मधु के साथ प्रयुक्त करना कास (Cough) के लिये प्रभावी चिकित्सा है।

- आमलकी चूर्ण का सैन्धव लवण के साथ मिश्रण कर उसे गर्म पके हुए चावल के साथ तथा एक चम्मच घृत के साथ अजीर्ण और अम्लपित्त में उपयोग किया जाता है।
- शय्यामूत्र की चिकित्सा में आमलकी चूर्ण का कृष्णजीरक और मिश्री के साथ शीतल जल से प्रयोग किया जाता है।
- नेत्ररोग में प्रात: काल में आमलकी चूर्ण का हिम नेत्रप्रक्षालनार्थ प्रयोग किया जाता है।
- ज्वर में आमलकी चूर्ण घृत के साथ प्रयुक्त होता है।
- आमलकी चूर्ण का द्राक्षास्वरस के साथ कामला में प्रयोग किया जाता है।
- अतिसार में आमलकी, आम्र एवं जम्वू के पत्र स्वरस का अजाक्षीर के साथ प्रयोग करे।
- स्वरभेद में आमलकी चूर्ण क्षीर के साथ प्रयोग करे।
- कृमि में आमलकी स्वरस का अनुपान के रूप में प्रयोग किया जाता है।
- छर्दी में मुद्गक्काथ के साथ आमलकी स्वरस का प्रयोग किया जाता है।
- विसर्प (Erysipelas) में आमलकी स्वरस का घृत के साथ प्रयोग किया जाता है
- आमलकी चूर्ण का रसायन के स्वरूप प्रयोग करने से रोगप्रतिकारक शक्ति बढ़ती है।

❖ **औषधि स्वरूप**: चूर्ण, अवलेह

❖ **प्रमुख योग**: च्यवनप्राश, धात्रीलेह, चंद्रप्रभावटी, तक्रारिष्ट, त्रिफला

# 6. आरग्वध

- **हिन्दी नाम**: अमलतास
- **संस्कृत नाम**: आरग्वध, राजवृक्ष
- **वानस्पतिक नाम**: *Cassia Fistula* Linn
- **फॅमिली**: Leguminosae
- **संहिता एवं अन्य ग्रंथ संदर्भ**:
  - **चरक संहिता**: ज्वर में आरग्वध फल मज्जा का द्राक्षा स्वरस या क्षीर के साथ प्रयोग बताया गया है (चि.3/227)। कुष्ठ में आरग्वध के पंचाग का प्रयोग स्नानार्थ एवं पानार्थ करने का विधान है (चि.7/94)।
  - **सुश्रुत संहिता**: व्रणप्रक्षालनार्थ आरग्वध के पत्र का उपयोग बताया गया है (चि.19/39)।
  - **वाग्भट संहिता**: कुष्ठ में आरग्वध के मूल को शतधौत घृत के साथ प्रयोग बताया गया है (चि.19/13)।
  - **चक्रदत्त**: गंडमाला में आरग्वध मूल तंडुलोदक के साथ घिसकर उसका नस्य और लेप करने का निर्देश दिया गया है (चि.7/94)।
  - **वंगसेन संहिता**: दद्रु में आरग्वध पत्र कांजी के साथ मिलकर लेप करे का वर्णन है।
- **निघंटु संदर्भ**:
  - **भावप्रकाश निघंटु**: आरग्वध मृदुविरेचक, रुचिकर, कुष्ठ, पित्त और कफ को दूर करने वाला है। यह ज्वर, वायु, शूल और उदावर्त में उपयोगी है।
  - **राज निघंटु**: आरग्वध मधुर, शीत और शूलहर है। यह ज्वर, कुष्ठ, कंडु और विबन्ध में हितकर है।
  - **प्रिय निघंटु**: आरग्वध मृदुविरेचक है और कुष्ठ तथा चर्मरोग में लाभकर है।
  - **धन्वंतरि निघंटु**: आरग्वध कुष्ठ, कृमि, मूत्रकृच्छ्र, कंडु, शोथ, श्वास और कास में उपयोगी है।

- **कैयदेव निघंटु**: आरग्वध तिक्त मधुर, गुरु, शीतल, मृदुविरेचक, एवं त्रिदोषहर है। यह शुल, उदावर्त, हृदयरोग, व्रण, कच्छ्र और प्रमेह में उपयोगी है।

❖ **Phamacodynamic**

रस: मधुर गुण: गुरु, मृदु, स्निग्ध
वीर्य: शीत दोषकर्म: वात-पित्तशामक
विपाक: मधुर

❖ **प्रयोज्य अंग**: फलमज्जा, मूलत्वक, पुष्प, पत्र

❖ **Action**: Flowers and pods-purgative, febrifugal, astringent, antibilious. Seed powder-used in amoebiasis.

❖ **उपयोग**: आरग्वध मृदुविरेचक है और विबन्ध तथा त्वकविकार में प्रयुक्त है। आरग्वध के बीज चूर्ण का उपयोग प्रवाहिका (Amoebic Dysentery) में किया जाता है। *Ayurvedic Pharmacopoeia of India* के अनुसार आरग्वध की फल मज्जा विबन्ध, उदरशूल (Colic), Chlorosis और मूत्रगत विकार (Urinary Disorders) में उपयोगी है।

❖ **विशेष उपयोग (Special Remedy):**

- दद्रु में आरग्वध पत्रकल्क का कांजी के साथ लेप लाभकर होता है।
- कामला में आरग्वध फल मज्जा इक्षुरस के साथ विदारी या आमलकी में त्रिकटू मिलाकर दिया जाता है।
- कामला में इक्षुरस के साथ आरग्वध फल मज्जा मिलाकर प्रयोग किया जाता है।
- ज्वर में आरग्वध चूर्ण का प्रयोग क्षीर के साथ किया जाता है।
- गलशुंडी शोथ (Tonsillitis) में आरग्वध के छाल का सुकोष्ण क्वाथ बनाकर गंडुष करना चाहिये।
- कृमि में आरग्वध चूर्ण और हरिद्रा का मधु-घृत के साथ प्रयोग किया जाता है।

❖ **औषधि स्वरूप**: चूर्ण

❖ **प्रमुख योग**: पंचनिंबादी वटी, स्वायंभुव गुग्गुल

# 7. एरंड

- **हिन्दी नाम**: रेडी
- **संस्कृत नाम**: गन्धर्वहस्त, पंचागुल, वर्धमान
- **वानस्पतिक नाम**: *Ricinus communis* Linn
- **फॅमिली**: Euphorbiaceae
- **संहिता एवं अन्य ग्रंथ संदर्भ**:
  - **चरक संहिता**: रुग्ण ज्वर के साथ प्रवाहिका से पीड़ित हो तो एरण्ड मूल को क्षीर में उबालकर पिलाना चाहिये (चि.3/230)। केवल प्रवाहिका में भी एरण्ड मूल को क्षीर में उबालकर पिलाना चाहिये (चि.10/51)। कास में एरण्ड के पत्र का क्षार, त्रिकटु, तैल और गुड को समान मिलाकर चटाना चाहिये (चि.22/169)।

    'एरण्डमूलं वृष्यवातहराणाम्' (च.सु.25/53)
  - **सुश्रुत संहिता**: अपतानक में एरण्ड तैल का परिषेक करना चाहिये (चि.5/18)।
  - **वाग्भट संहिता**: नक्तान्ध्य में एरण्ड पत्र सेवन का वर्णन प्राप्त होता है (उ.30/9)।
  - **वंगसेन संहिता**: कर्णशुल में एरण्ड पत्र का पुटपाक विधि से स्वरस निकालकर, उसमें आद्रक स्वरस और यष्टिमधु का कल्क मिलाकर तैल सिद्ध करे तथा उसमें सैन्धव लवण डालकर सुकोष्ण तैल से कर्णपुरण करे।
  - **चक्रदत्त**: पित्तज शूल और पित्तज गुल्म में यष्टिमधु का क्वाथ एरण्ड तैल के साथ पिलाये।
  - **शारंगधर संहिता**: विरेचन के लिये एरण्ड तैल में दो गुना त्रिफलाक्वाथ मिलाकर पिलाये। पार्श्वशूल में 2 पल एरण्ड मूल का अष्टगुण जल में क्वाथ बनाये और उसमें यवक्षार डालकर पिलाये।
- **निघंटु संदर्भ**:
  - **भावप्रकाश निघंटु**: भावप्रकाश निघंटु में श्वेत एरण्ड और रक्त एरण्ड ऐसे दो प्रकार के एरण्ड वर्णित है। दोनों एरण्ड मधुररस, उष्णवीर्य

और गुरु होते है। ज्वर, कास, श्वास, कफ, आनाह और कुष्ठ को दूर कराते है। एरण्ड पत्र वातनाशक तथा कफ, कृमि और मूत्रकृच्छ्र को दूर करने वाले होते है।

- **राज निघंटु**: श्वेत एरण्ड कटु, तिक्त, उष्ण और कफघ्न है। यह ज्वर, वातदोष रोग और कास में उपयोगी है। रक्त एरण्ड शोथ, रक्तविकार, शुल, कफहर, रोचन, पाण्डु, श्वास और अग्निमांध्य में उपयोगी है।
- **प्रिय निघंटु**: एरण्ड मूल वातशामक और बीज रेचन है। पत्र शोथनाशक है। एरण्ड तैल त्वचा के लिये हितकर और दीपन है।
- **धन्वंतरि निघंटु**: एरण्ड वृष्य है, उदावर्त, प्लीहा, बस्तिशूल, आंत्रवृद्धि, वातशामक, रक्तगत विकारों का नाश करने वाला है।
- **कैयदेव निघंटु**: एरण्ड मधुर, वृष्य, गुरु, उष्णवीर्य, तथा स्रोतोशोधक है। यह श्वास, कास, प्लीहा, आनाह में विशेष लाभकर है। एरण्डपत्र वातनाशक, कृमिघ्न है। कोमल पत्र मूत्रदोष, कृमि और कफ–वात विकार में प्रयुक्त होता है। एरण्ड पुष्प कफ-पित्तघ्न और मूत्रदोपहर है। एरण्ड फल अत्यंत उष्णवीर्य, शूल, वायु, यकृत, प्लीहा रोग नाशक और अग्निदिपक है। फलमज्जा मल का भेदन करने वाली होती है।

- **Phamacodynamic**

| | |
|---|---|
| रस: मधुर, अनुरास- कटु, कषाय | गुण: स्निग्ध, तीक्ष्ण, सूक्ष्म |
| वीर्य: उष्ण | दोषकर्म: कफवातशामक |
| विपाक: मधुर | |

- **प्रयोज्य अंग**: मूल, पत्र, बीज, तैल
- **Action:** Oil from seeds and young leaf-purgative. Bark-purgative.
- **उपयोग**: *Ayurvedic Pharmacopoeia of India* के अनुसार एरंड मूल क्वाथ और एरंड बीज चूर्ण का उपयोग विबन्ध और यकृत तथा प्लीहा के रोगों में किया जाता है।
- **विशेष उपयोग (Special Remedy):**
  - लसीका ग्रंथियों (Lymph Nodes) के शोथ में एरंडतैल का प्रतिसारनार्थ प्रयोग किया जाता है।
  - बच्चों में उदरशूल के लिये एरंड तैल को हथेलियों के बीच रगड़कर उसे धीरे-धीरे उदर और नाभि पर मालिश किया जाता है।

- आमवात में मूलक्काथ से जानुसंधि पर स्वेदन किया जाता है और मूलक्काथ का शुण्ठीचूर्ण के साथ आभ्यंतर प्रयोग किया जाता है।
- स्थौल्य (मेंदोरोग) में एरंड पत्रक्षार हिंगु और मधु के साथ प्रयोग किया जाता है।
- गंडमाला में एरंड मूल चूर्ण का गोमूत्र के साथ प्रयोग किया जाता है।
- विबन्ध में एरंड तैल का प्रयोग क्षीर या सुकोष्ण जल के साथ किया जाता है।

❖ **औषधि स्वरूप**: चूर्ण

❖ **प्रमुख योग**: सिंहनाद गुग्गुल, षड्बिन्दु तैल, नारायण तैल, बलारिष्ट

# ४. एला

- ❖ **हिन्दी नाम**: छोटीइलायची
- ❖ **संस्कृत नाम**: त्रिपुटा, द्राविडी
- ❖ **वानस्पतिक नाम**: *Elettaria cardamomum* Maton
- ❖ **फॅमिली**: Zingiberaceae
- ❖ **संहिता एवं अन्य ग्रंथ संदर्भ**
  - ➢ **चरक संहिता**: तिमिर में एला चूर्ण को अजा क्षीर की भावना देकर सूक्ष्म चूर्ण वनाकर अंजन के रूप में प्रयोग करने का विधान है (चि. 26/244)।
  - ➢ **सुश्रुत संहिता**: मूत्रकृच्छ्र में आमलकी स्वरस के साथ एला चूर्ण का प्रयोग वर्णित है (उ. 58/41)। साथ ही उदावर्त में मधु के साथ एला चूर्ण का प्रयोग बताया गया है (उ. 55/22)।
  - ➢ **वंगसेन संहिता**: हृद्रोग में एला चूर्ण और पिप्पली चूर्ण का घृत के साथ प्रयोग वताया गया है।
- ❖ **निघंटु संदर्भ**:
  - ➢ **भावप्रकाश निघंटु**: एला कटु रस युक्त, शीतवीर्य, लघु और वातनाशक है। यह कफ, श्वास, कास और मूत्रकृच्छ्र आदि रोगों में उपयोगी है।
  - ➢ **राज निघंटु**: एला तिक्त, शीतल, कफ-पित्तशामक और सुगंधी है। यह हृद्रोग, मलविकार और बस्तिशूल में उपयोगी है।
  - ➢ **प्रिय निघंटु**: कफ-पित्तरोगघ्न, क्षय और मूत्रकृच्छ्र रोगों में उपयोगी है।
  - ➢ **धन्वंतरि निघंटु**: एला बस्तिविकार और कंठरोग को नष्ट करने वाली, मुख- मस्तक शोधनी है। यह श्वास, कास, मुखरोग और मूत्रकृच्छ्र में लाभकर होती है।
  - ➢ **कैयदेव निघंटु**: एला मूत्रकृच्छ्र, अर्श, श्वास, कास और कफ को दूर करने वाली है।
- ❖ **Phamacodynamic**

रस: कटु, मधुर गुण: लघु, रुक्ष

वीर्य: शीत दोषकर्म: त्रिदोषहर

विपाक: मधुर

❖ **प्रयोज्य अंग**: बीज

❖ **Action:** Carminative, antiemetic, stomachic, anti-gripe, antiasthmatic. Oil-antispasmodic, antiseptic.

❖ **उपयोग**: एला का उपयोग कफ, श्वास, कास, मूत्रकृच्छ्र, अग्निमांद्य, श्वसनीशोथ (Bronchitis), तमकश्वास और अजीर्ण में करना चाहिये।

❖ **औषधि स्वरूप**: चूर्ण, क्वाथ

❖ **विशेष उपयोग (Special Remedy):**

- इलाइची बीज का चूर्ण और दालचीनी चूर्ण को पानी में उन्हें उबालकर इसमें नमक डालकर गलशोथ में प्रयोग करे।
- इलाइची के बीज और मरिच की मूल को घी के साथ अच्छी तरह से पीसकर तयार किए गए मिश्रण को उदरशूल में दिया जाता है।
- छर्दी और अजीर्ण में भुनी हुई इलायची चूर्ण का प्रयोग किया जाता है।
- हिक्का में पूर्ण फल को चबाकर खाया जाता है।
- प्रतिश्याय में इलायची के साथ धान्यक, हरिद्रा और मेथी बीज के क्वाथ सेवन किया जाता है।
- कास में इलायची चूर्ण मधु के साथ प्रयुक्त होता है।

❖ **प्रमुख योग**: एलादी गुटिका, गंधक रसायन, गर्भपाल रस, दंतोंद्भेदगदान्तक रस, चंद्रप्रभावटी, व्योष्यादी वटी

# ९. कंटकारी

- **हिन्दी नाम**: छोटी कटेरी
- **संस्कृत नाम**: व्याघ्रि
- **वानस्पतिक नाम**: *Solanum surattense* Burm. F
- **फॅमिली**: Solanaceae
- **संहिता एवं अन्य ग्रंथ संदर्भ**:
  - **चरक संहिता**: तृष्णा में कंटकारी मूल क्वाथ का आभ्यंतर प्रयोग बताया गया है (चि.12)। कास के सभी प्रकारों में कंटकारी क्वाथ को मुद्ग के साथ पकाकर उसमें आमलकी चूर्ण डालकर प्रयोग करने का विधान है (चि.22)।
  - **सुश्रुत संहिता**: नेत्रवेदना में कंटकारी मूल स्वरस का नेत्र बिन्दु के रूप में प्रयोग बताया गया है (उ.52)। श्वास में कंटकारी मूल चूर्ण को हिंगु चूर्ण में डालकर मधु के साथ देने का वर्णन है (उ.51)। कास, अग्निसाद और स्वरभेद में कंटकारी स्वरस से सिद्ध किया घृत वर्णित है।
  - **वंगसेन संहिता**: शिशु के चिरकालीन कास में कंटकारी के पुष्प का सूक्ष्म चूर्ण मधु के साथ देने को कहा गया है।
  - **शारंगधर संहिता**: कास में पुटपाक विधि से निर्मित कंटकारी पंचांग स्वरस को पिप्पली चूर्ण के साथ देने का विधान है।
- **निघंटु संदर्भ**:
  - **भावप्रकाश निघंटु**: कंटकारी सर, तिक्त एवं कटुरस, अग्निदीपन, उष्णवीर्य, रुक्ष, लघु, और पाचन होती है। यह कास ज्वर, पीनस, श्वास, पार्श्वपीड़ा, कृमि और हृद्रोग में उपयोगी है।
  - **राज निघंटु**: कंटकारी कटु, उष्णवीर्य और दीपन है। यह श्वास, कास, प्रतिश्याय और कफ-वातज्वर में उपयोगी है।
  - **प्रिय निघंटु**: कास, श्वास, पीनस, पार्श्वशूल और ज्वर में प्रयोग करे।
  - **धन्वंतरि निघंटु**: कंटकारी श्वास, कास अरुचि, ज्वर और आमदोष

में उपयोगी है।

- **कैयदेव निघंटु**: कंटकारी कटु एवं तिक्त, उष्णवीर्य, रुक्ष, लघु, भेदन, दीपन और पाचन होती है। यह ज्वर, अरुचि, श्वास, पार्श्वपीड़ा, मूत्रकृच्छ्र और पीनस में उपयोगी है।

❖ **Phamacodynamic**

रस: तिक्त, कटु
वीर्य: उष्ण
विपाक: कटु
गुण: लघु, रुक्ष, तीक्ष्ण
दोषकर्म: कफ-वातशामक

❖ **प्रयोज्य अंग**: पंचांग

❖ **Action:** Stimulant, Expectorant, Diuretic, Laxative, Febrifuge.

❖ **उपयोग**: कंटकारी का कास, श्वसनी शोथ (Bronchitis), तमकश्वास, यकृत और प्लीहारोग तथा छर्दी, मूत्रकृच्छ्र और त्वचा रोगों में किया जाता है।

❖ **विशेष उपयोग (Special Remedy):**

- श्वास में कंटकारी पंचांग का स्वरस मधु के साथ दिया जाता है।

❖ **औषधि स्वरूप**: चूर्ण

❖ **प्रमुख योग**: कनकासव, कंटकार्यावलेह, श्वास-कास चिंतामणि रस (भावना द्रव्य)

# 10. करंज

- **हिन्दी नाम**: डिठौरी
- **संस्कृत नाम**: नक्तमाल, घृतपुर
- **वानस्पतिक नाम**: *Pingamia pinnata* Linn
- **फॅमिली**: Leguminosea
- **संहिता एवं अन्य ग्रंथ संदर्भ**:
  - **चरक संहिता**: कुष्ठ में करंज फल और इंद्रयव का लेप लगाने को बताया गया है (चि.7/155)। विसर्प में करंजत्वक को जल में घिसकर लेप करने का विधान है (चि.11/123)।
  - **सुश्रुत संहिता**: कच्छु, पामा, विचर्चिका और कुष्ठ में करंज तैल लगाने को बताया गया है (चि.9/53, चि.20)। तथा छर्दी में करंज पत्र से सिद्ध यवागु पान का वर्णन है (उ.49/39)।
  - **वाग्भट संहिता**: ग्रंथि विसर्प में करंज त्वक का लेप बताया गया है (चि.18)।
- **निघंटु संदर्भ**:
  - **भावप्रकाश निघंटु**: करंज स्तंभक, तिक्त कषाय रस युक्त, पाक में कटु, और इसका वीर्य उष्ण है। यह छर्दी, पित्त, कृमि और कुष्ठ में उपयोगी है।
  - **राज निघंटु**: करंज कटु, उष्ण, चक्षुष्य और वातहर है। यह स्निग्ध, वातघ्न और त्वकवर्ण्य है।
  - **प्रिय निघंटु**: करंज का कृमि, कुष्ठ, व्रण और चर्मरोग में प्रयोग करे।
  - **धन्वंतरि निघंटु**: करंज का वीर्य उष्ण और रस तिक्त होता है। यह कफ-पित्त और रक्त विकार नाशक है। करंज अग्निमांध्य, विबन्ध, कुष्ठ, कृमि और रक्तविकार में उपयोगी है।
  - **कैयदेव निघंटु**: करंज कटु, तिक्त एवं कषाय, कटुविपाक, उष्णवीर्य एवं तीक्ष्ण होता है। करंज भेदन, कुष्ठ, रक्तविकार, मेद और कृमि नाशक है। करंज पत्र का विपाक कटु एवं वीर्य उष्ण है।

❖ **Phamacodynamic**

रस: तिक्त, कटु, कषाय        गुण: लघु, तीक्ष्ण

वीर्य: उष्ण        दोषकर्म: कफ-वातशामक

विपाक: कटु

❖ **प्रयोज्य अंग**: बीज, पत्र, त्वक

❖ **Action:** seed oil-Antifungal

❖ **उपयोग**: करंज का उपयोग त्वचा रोग, कंडु, कुष्ठ और प्लीहारोग में किया जाता है। करंज बीज चूर्ण बालकों के काम में उपयोग किया जाता है। बीज तेल का उपयोग Cutaneous Affections और Herpes में किया जाता है।

❖ **विशेष उपयोग (Special Remedy):**

- पामा, दद्रु और त्वकरोग में करंज तैल का स्थानिक प्रयोग करते है।
- श्वित्र में करंज बीज और अर्कमूल कल्क का स्थानिक प्रयोग करते है।

❖ **औषधि स्वरूप**: चूर्ण, तैल

❖ **प्रमुख योग**: दशमूलारिष्ट, कृमिकुठार रस, जात्यादीतैल

# 11. कर्कटशृंगी

- **हिन्दी नाम**: काकड़ासिंगी
- **संस्कृत नाम**: कुलीरविषाणिका
- **वानस्पतिक नाम**: *Pistacia integerrima* Stewart ex Brandis
- **फॅमिली**: Anacardiaceae
- **संहिता एवं अन्य ग्रंथ संदर्भ**:
  - **चरक संहिता**: वातज कास में कर्कटशृंगी चूर्ण को तैल के साथ लेहन करे (चि.23/48)। कफजन्य छर्दि में मुस्ता और कर्कटशृंगी चूर्ण समभाग लेकर मधु के साथ प्रयुक्त करे (चि.23/36)।
  - **वंगसेन संहिता**: कर्कटशृंगी चूर्ण और मूलकफल मधु-घृत के साथ श्वास और कास में देने का विधान है (बालरोग. चि.)।
- **निघंटु संदर्भ**:
  - **भावप्रकाश निघंटु**: कर्कटशृंगी कषाय-तिक्तरस, उष्णवीर्य एवं कफ-वात शामक है। यह ज्वर, कास, क्षयरोग, श्वास, वमन, छर्दी, अरुचि, ऊर्ध्ववात और हिक्का में उपयोगी है।
  - **राज निघंटु**: कर्कटशृंगी तिक्त, गुरु, उष्ण और वातघ्न है। यह हिक्का, कास, श्वास और अतिसार में उपयोगी है।
  - **प्रिय निघंटु**: कर्कटशृंगी कफ-वात शामक है। ज्वर, कास, क्षय, श्वास, वमन और हिक्का में प्रयोग करे।
  - **धन्वंतरि निघंटु**: कर्कटशृंगी कास-श्वास, वमन, राजयक्ष्मा और अरुचि में उपयोगी है।
  - **कैयदेव निघंटु**: कर्कटशृंगी तिक्त-कषाय, उष्णवीर्य एवं कफ-वात शामक है। यह ज्वर, कास, क्षयरोग, श्वास, वमन, छर्दी और हिक्का में प्रयोग करे।
- **Phamacodynamic**

| | |
|---|---|
| रस: कषाय, तिक्त | गुण: लघु, रुक्ष |
| वीर्य: उष्ण | दोषकर्म: कफ-वातशामक |
| विपाक: कटु | |

- **प्रयोज्य अंग**: श्रृंगाकारकोष (Gall)
- **Action:** Gallis stringent, Expectorant, Antiasthmatic, Antidysenteric, Styptic.
- **उपयोग**: कर्कटशृंगी का उपयोग श्वास, छर्दी और अरुचि में करना चाहिये। *Ayurvedic Pharmacopoeia of India* के अनुसार कर्कटशृंगी का प्रयोग कास, श्वसनीशोथ (Bronchitis) और श्वास कष्टता (Dyspnoea) में करना चाहिये।

**विशेष उपयोग (Special Remedy):**

- कास में कर्कटशृंगी घृत, मिश्री और मधु के साथ प्रदान करे।
- तमकश्वास में कर्कटशृंगी चूर्ण के साथ गाजर के वीज के चूर्ण को घृत के साथ प्रदान करे।

- **औषधि स्वरूप**: चूर्ण
- **प्रमुख योग**: बालचतुर्भद्राचूर्ण, दंतोंद्भेदगदान्तक रस, लवंगादिवटी, अष्टांगावलेह

# 12. कांचनार

- **हिन्दी नाम**: कचनार
- **संस्कृत नाम**: गंडारी, चमरीक, युगपत्र
- **वानस्पतिक नाम**: *Bauhinia variegate* Linn.
- **फॅमिली**: Leguminosae
- **संहिता एवं अन्य ग्रंथ संदर्भ**:
  - **चक्रदत्त**: गंडमाला में कांचनार की त्वचा का चूर्ण शुण्ठी में मिलकर तंडुलोदक के साथ प्रयोग करे।
- **निघंटु संदर्भ**:
  - **भावप्रकाश निघंटु**: कांचनार शीतवीर्य, मलावरोधक, कषाय रसयुक्त, कफ, पित्त, कृमि, कुष्ठ और गण्डमाला को दूर करने वाला है।
  - **राज निघंटु**: कांचनार कषाय, संग्राही और व्रणहर है। यह दीपन, कफ-वातघ्न और मूत्रकृच्छ्र का निर्वहन करने वाला है।
  - **प्रिय निघंटु**: कांचनार शीत, ग्राही, व्रणनाशक, कफ-पित्तशामक तथा गंडमाला और अपची नाशक है।
  - **धन्वंतरि निघंटु**: कांचनार त्वक संग्राही, दाह, व्रणशोधक, रोपक और रसायन गुण वाला है।
  - **कैयदेव निघंटु**: कांचनार मधुर कषाय एवं मधुर विपाक, शीतल, गुरु, संग्राही, रुक्ष, रुचिकर एवं कास, क्षय, श्वास को दूर करने वाला है।
- **Phamacodynamic**

| | |
|---|---|
| रस: कषाय | गुण: लघु, रुक्ष |
| वीर्य: उष्ण | दोषकर्म: कफ-पित्तशामक |
| विपाक: कटु | प्रभाव: गंडमालानाशक |

- **प्रयोज्य अंग**: त्वक, पुष्प, वीज
- **Action**
  - Root-carminative

- Bark-astringent, anthelmintic
- Seeds-possess human blood agglutinating activity.
- Leaf-antifungal.

❖ **उपयोग**: कांचनार के शुष्क पुष्पकलियों का उपयोग अतिसार, प्रवाहिका, कृमि, अजीर्ण और इसके क्वाथ का स्थौल्य में प्रयोगबताया है। छाल का उपयोग बाहरी रूप से त्वचा रोगों में किया जाता है। *Ayurvedic Pharmacopoeia of India* के अनुसार कांचनार के उपयोग लसिकापर्वशोथ (Lymphadenitis) और गण्डमाला (Goitre) में किया जाता है। कांचनार गुग्गुल ग्रंथि शोथ और गण्डमाला की चिकित्सा में प्रयुक्त है।

❖ **विशेष उपयोग (Special Remedy):**

- कांचनारक्वाथ गलगण्ड में उपयोगी है।

❖ **औषधि स्वरूप**: क्वाथ, चूर्ण

❖ **प्रमुख योग**: कांचनारगुग्गुल, चंदनासव

# 13. कालमेघ

- **हिन्दी नाम**: कालमेघ
- **संस्कृत नाम**: भूनिम्ब
- **वानस्पतिक नाम**: *Andrographis paniculata* Wall. ex Nees
- **फॅमिली**: Anacathaceae
- **निघंटु संदर्भ**:
  - **प्रिय निघंटु**: कालमेघ दीपन, स्वेदक, ज्वरघ्न, कृमिनाशक और कफ-वात शामक है। यकृतविकार, कृमिरोग, कुष्ठ और ज्वर में प्रयोग करे।
  - **धन्वंतरि निघंटु**: कालमेघ त्रिदोषशामक, कुष्ठ, शोथ और यकृत्-प्लीहा में प्रयोग होती है।
- **Phamacodynamic**

| | |
|---|---|
| रस: तिक्त | गुण: लघु, रुक्ष |
| वीर्य: उष्ण | दोषकर्म: कफ-पित्तशामक |
| विपाक: कटु | |

- **प्रयोज्य अंग**: पंचांग
- **Action:** Hepatoprotective, cholinergic, antispasmodic, stomachic, anthelmintic, alterative, blood purifier, febrifuge. As bitter tonic and febrifuge.
- **उपयोग**: कालमेघ का उपयोग कामला, यकृतरोग, बालकों के आध्मान और अतिसार, आंत्रगतरोग, प्लीहावृद्धि, प्रतिश्याय और ऊपरी श्वसन पथ संक्रमण (Upper Respiratory Tract Infections) के लिये किया जाता है।
- **विशेष उपयोग (Special Remedy)**:
  - कामलेघ का उपयोग कास, प्रतिश्याय और जीर्ण प्रतिश्याय की चिकित्सा करने के लिये उपयोगी है।
  - कामलेघ रक्तदोष शोधक और रोग प्रतिकार शक्ति वर्धक है।
- **औषधि स्वरूप**: चूर्ण
- **प्रमुख योग**: भूनिम्बचूर्ण

# 14. किराततिक्त

- **हिन्दी नाम**: चिरायता
- **संस्कृत नाम**: किरात
- **वानस्पतिक नाम**: *Swertia chirata* Roxb. ex.Flem
- **फॅमिली**: Gentianaceae
- **संहिता एवं अन्य ग्रंथ संदर्भ**:
  - **चरक संहिता**: स्तन्य शुद्धि के किराततिक्त क्वाथ पिलाने का निर्देश है।
  - **हारीत संहिता**: गर्भावस्था में होने वाली छर्दी में किराततिक्त चूर्ण और मिश्री का प्रयोग बताया गया है।
- **निघंटु संदर्भ**:
  - **भावप्रकाश निघंटु**: किराततिक्त सारक, रुक्ष, शीतल, तिक्तरस युक्त एवं लघु होती है। यह सान्निपातिक ज्वर, श्वास, कफ, पित्त, रक्तदोष, दाह, कास, शोथ, तृष्णा, कुष्ठ, ज्वर और कृमि को दूर करता है।
  - **राज निघंटु**: किराततिक्त वातहर, तिक्त, कफ-पित्तज्वरघ्न, व्रणघ्न, कुष्ठघ्न और कंडुघ्न है।
  - **प्रिय निघंटु**: किराततिक्त कफ-पित्तशामक, ज्वरनाशक, कृमिनाशक है। ये कुष्ठ, दाह, ज्वर और कृमि में उपयोगी है।
  - **धन्वंतरि निघंटु**: किराततिक्त कास, तृष्णा, ज्वर, और आमदोष तथा रक्तविकार को नष्ट करता है।
  - **कैयदेव निघंटु**: किराततिक्त शीत वीर्य, तिक्तरस, लघु, सारक, कफ-पित्तशामक तथा रक्तविकार, कुष्ठ, श्वास, कास, तृष्णा, दाह, अरुचि, ज्वर और कृमि में उपयोगी है।
- **Phamacodynamic**

| | |
|---|---|
| रस: तिक्त | गुण: लघु, रुक्ष |
| वीर्य: उष्ण | दोषकर्म: कफ-पित्तशामक |
| विपाक: कटु | प्रभाव: ज्वरघ्न |

- **प्रयोज्य अंग**: पंचांग
- **Action:** antipyretic
- **उपयोग**: ज्वर, श्वास, कास, कृमि
- **विशेष उपयोग (Special Remedy):**
    - विषमज्वर, विबन्ध और रक्तविकार में क्वाथ प्रयुक्त करे।
    - कामला में क्वाथ प्रयोग करे।
    - तमकश्वास में विशेषकर श्वासकष्टता शमनार्थ क्वाथ का उपयोग करे।
    - किराततिक्त से Fat के Metabolism में सुधार होता है और यह भूख की पीड़ा को रोकता है। अत: यह गुण स्थौल्य के चिकित्सा में मदद करते है।
- **औषधि स्वरूप**: चूर्ण, क्वाथ
- **प्रमुख योग**: सुदर्शनचूर्ण, भूनिम्बादीक्वाथ, चंद्रप्रभावटी, फलत्रिकादिक्वाथ, महातिक्तघृत, उशीरासव, चंद्रप्रभावटी

# 15. कुटकी

- **हिन्दी नाम**: कटुका
- **संस्कृत नाम**: मत्स्यशकला, तिक्ता, कटुरोहिणी
- **वानस्पतिक नाम**: *Picrorhiza kurroa* Roxb.ex.Benth
- **फॅमिली**: Scrophulariaceae
- **संहिता एवं अन्य ग्रंथ संदर्भ**:
  - **चरक संहिता**: स्तन्यशोधन के लिये कुटकी चूर्ण नियमित सेवन करे (चि.30)। कुष्ठ में कुटकी चूर्ण का अतिविषा और चन्दन चूर्ण के साथ प्रयोग करे (चि.7/139)।
  - **सुश्रुत संहिता**: कफपित्तज्वर में कुटकी चूर्ण मिश्री के साथ दे (उ.39)। तथा हिक्का में कुटकी चूर्ण और गैरिक का मधु के साथ प्रयोग करना चाहिये (उ.50)।
- **निघंटु संदर्भ**:
  - **भावप्रकाश निघंटु**: कटुकी तिक्त रस, परिपाक कटुरस, रुक्ष, शीतल, लघु, मलभेदन, अग्निदिपक, हृद्द है और कफ, पित्तज्वर, श्वास, कास, रक्तदोष, दाह, कुष्ठ और कृमि का नाश करने वाली है।
  - **राज निघंटु**: कटुकी तिक्त, कटु, रक्तदोषहर और रेचनी है। यह ज्वर, अरोचक और श्वास में उपयोगी है।
  - **प्रिय निघंटु**: कटुकी अनुलोमक, कफ-पित्तघ्न है। इसका उपयोग ज्वर, रक्तविकार, कुष्ठ, कृमिरोग, यकृतरोग, कामला और विबन्ध में कर सकते है।
  - **धन्वंतरि निघंटु**: कटुकी रक्त-विकार, कास, तृष्णा, ज्वर और आमदोष में उपयुक्त होती है।
  - **कैयदेव निघंटु**: कटुकी कटु-तिक्त, कटुविपाक, शीतवीर्य एवं लघु है। यह मल का भेदन करने वाली, अग्निदीपक, रुक्ष, कफ-पित्तघ्न, ज्वर, श्वास, कास, दाह, कुष्ठ और कृमि का नाश करने वाली है।

❖ **Pharmacodynamics**

रस: तिक्त — गुण: रुक्ष, लघु

वीर्य: शीत — दोषकर्म: कफ-पित्तशामक

विपाक: कटु

❖ **प्रयोज्य अंग**: मूल (भौमिककाण्ड)

❖ **Action:** Root-stomachic, antidiarrheal, cholagogue.

❖ **उपयोग**: कुटकी का उपयोग कामला, जीर्ण प्रवाहिका और कृमि (Amoebiasis) में किया जाता है। *Ayurvedic Pharmacopoeia of India* अनुसार कुटकी का कामला, ज्वर (Intermittent Fever), श्वासकष्टता और त्वक विकार में उपयोग किया जा सकता है।

❖ **विशेष उपयोग (Special Remedy):**

- कुटकी यकृत-प्लीहारोग में मिश्री के साथ दे।
- ज्वरदाह में कुटकी को घृत में मिलाकर प्रयोग करे।
- कामला में कुटकी एवं चिरायता का क्वाथ दे।

❖ **औषधि स्वरूप**: चूर्ण

❖ **प्रमुख योग**: आरोग्यवर्धीनीवटी, चन्द्रकला रस

# 16. कुटज

- ❖ **हिन्दी नाम:** कूड़ा
- ❖ **संस्कृत नाम:** गिरिमल्लिका, वत्सक
- ❖ **वानस्पतिक नाम:** *Holarrhena antidysenterica* Roxb. ex.Flem
- ❖ **फॅमिली:** Apocynaceae
- ❖ **संहिता एवं अन्य ग्रंथ संदर्भ:**
  - ➢ **चरक संहिता:** अतिसार से पीड़ित क्षयरोगी को इंद्रयव और शुण्ठी का सूक्ष्म चूर्ण तंदुलोदक के साथ देने का विधान है (चि. 8/122)। कुष्ठ में इंद्रयव का सूक्ष्म चूर्ण का लेप और उद्वर्तन करना चाहिये (चि. 7)।
  - ➢ **सुश्रुत संहिता:** रक्तातिसार में इंद्रयव का फाण्ट दिया जाता है।
  - ➢ **वाग्भट संहिता:** रक्तार्श में कुटज त्वक का प्रयोग किया जाता है।
  - ➢ **शारंगधर संहिता:** कुटज त्वक स्वरस या पुटपाक स्वरस का सभी अतिसार में प्रयोग बताया गया है।
- ❖ **निघंटु संदर्भ:**
  - ➢ **भावप्रकाश निघंटु:** कुटज कटु कषाय रस युक्त, रूक्ष, अग्निदीपक और शीतवीर्य है। यह अर्श, अतिसार, पित्त, कफ, रक्त, तृष्णा, आम और कुष्ठ को दूर करता है।
  - ➢ **राज निघंटु:** कुटज कटु, तिक्त, कषाय और उष्ण है। यह अतिसार और त्वक रोग में उपयोगी है।
  - ➢ **प्रिय निघंटु:** कुटज संग्राही, दीपन, कृमिघ्न और आमदोष पाचन करने वाला है। आमातिसार, रक्तार्श और कफ-पित्तरोग उपयोगी है।
  - ➢ **धन्वंतरि निघंटु:** कुटज कुष्ठ, अतिसार, रक्तार्श और प्रवाहिका में विशेष उपयोगी है। इंद्रयव रस में कटु, विपाक में कटु और वीर्य में उष्ण है। यह त्रिदोषघ्न, अग्निदीपक है; अतिसार और वमन को दूर करती है।
  - ➢ **कैयदेव निघंटु:** कुटज रस में कषाय-कटु, वीर्य में शीत, रूक्ष, अग्निदिपक, कफ, पित्त, रक्तविकार, कुष्ठ, कृमि, आमदोष एवं

अतिसार नाशक है। कुटज पुष्प तिक्त-कपाय, लघु, शीतवीर्य, दीपन, कफ, पित्त, रक्तविकार, कुष्ठ, कृमि, आमदोष, एवं अतिमार नाशक है। कुटज बीज तिक्तरस, ग्राही, ईषत् उष्ण, अग्निदिपक, पाचन एवं त्रिदोष, कुष्ठ, ज्वर, विसर्प, शुल एवं रक्तस्त्राव नाशक है।

❖ **Pharmacodynamics**

रस: तिक्त, कपाय — गुण: रुक्ष, लघु

वीर्य: उष्ण — दोषकर्म: कफ-पित्तशामक

विपाक: कटु

❖ **प्रयोज्य अंग**: त्वक, बीज

❖ **Action:**

- Root and bark-Antiamoebic, Antidysenteric.
- Bark-Astringent, Anthelmintic, Amoebicidal, Diuretic.

❖ **उपयोग**: कुटज मूल और त्वक प्रवाहिका (Amoebic Dysentery) में उपयोगी है। कुटज त्वक का उपयोग उदरशुल, अजीर्ण, त्वकरोग और प्लीहारोग में किया जाता है।

कुटजत्वक् श्लेष्मपित्तरक्तसांग्राहिकोशोषणानाम्। च.सू.25

❖ **विशेष उपयोग (Special Remedy):**

- अतिसार में त्वक चूर्ण या बीज चूर्ण का तक्र के साथ प्रयोग करे।
- ज्वर में बीज क्वाथ का पटोल के साथ प्रयोग करे।

❖ **औषधि स्वरूप**: चूर्ण, अरिष्ट, आसव

❖ **प्रमुख योग**: कुटजारिष्ठ, कुटजघनवटी

# 17. कुमारी

- **हिन्दी नाम**: ग्वारपाठा
- **संस्कृत नाम**: गृहकन्या, घृतकुमारीका
- **वानस्पतिक नाम**: *Aloe Vera* Tournex Linn.
- **फॅमिली**: Lilliaceae
- **संहिता एवं अन्य ग्रंथ संदर्भ**:
  - **शारंगधर संहिता**: प्लीहा और अपची में कुमारी स्वरस हरिद्राचूर्ण के साथ दे।
- **निघंटु संदर्भ**:
  - **भावप्रकाश निघंटु**: मल का भेदन करने वाली, शीतल, तिक्त और मधुर रस युक्त, नेत्र हितकर, रसायन, बृंहण, बलकारक, वृष्य एवं गुल्म, प्लीहा, रक्तविकार और चर्मरोग को नाश करने वाली है।
  - **राज निघंटु**: कुमारी हिमा, तिक्त और कफ हर है। यह पित्तरोग, कास, श्वास, कुष्ठ और रसायन में उपयोगी है।
  - **प्रिय निघंटु**: कुमारी मधुर-तिक्त, सारक, शीत और रसायन है। गुल्म, प्लीहावृद्धि और यकृतवृद्धि में उपयोगी है।
  - **कैयदेव निघंटु**: कुमारी शीतल, तिक्त-मधुर और भेदन है। यह प्लीहा, यकृतवृद्धि एवं ज्वर और कफ नाशक है। कुमारी ग्रंथि, अग्निदग्ध, विस्फोटक, रक्तविकार और चर्मरोग को दूर करने वाली है। ये नेत्र हितकर, बलकारक, वृष्य और रसायन है।
- **Phamacodynamic**

| | |
|---|---|
| रस: कटु | गुण: गुरु, स्निग्ध, पिच्छिल |
| वीर्य: शीत | दोषकर्म: कफ-पित्तशामक |
| विपाक: तिक्त | |

- **प०्रयोज्य अंग**: पत्र
- **Action:**
  - Purgative (causes griping), emmenagogue.
  - Gel-Topically Emollient, Anti-Inflammatory, Antimicrobial (used for wound healing, sunburn).

- **उपयोग**: कुमारी का प्रयोग कामला और त्वकरोग में किया जाता है।
- **विशेष उपयोग (Special Remedy) :**
    - कुमारी स्वरस के साथ शरपुंखा चूर्ण यकृत–प्लीहा रोग में दे।
    - त्वकरोग में पत्र स्वरस का लेप करे।
    - प्लीहारोग में कुमारीस्वरस के साथ हरिद्रा का प्रयोग किया जाता है।
    - अपस्मार में कुमारी सिद्ध घृत को मधुक क्वाथ के साथ दिया जाता है।
- **औषधि स्वरूप**: आसव, वटी, पाक
- **प्रमुख योग**: कुमारीआसव, कृमिकुठार रस (भावना द्रव्य), योगेंद्र रस (भावना द्रव्य)

# 18. कुष्माण्ड

- **हिन्दी नाम**: पेठा
- **संस्कृत नाम**: पुष्पफल, वल्लीफल
- **वानस्पतिक नाम**: *Benincasa hispida* (Thunb.)
- **फॅमिली**: Cucurbitaceae
- **निघंटु संदर्भ**:
  - **भावप्रकाश निघंटु**: कूष्माण्ड ग्राही, शीतल, रक्तपित्त नाशक तथा गुरु होती है। पक्व कूष्माण्ड तिक्तरस, अग्निवर्धक, क्षार एवं कफ और वात को दूर करने वाला है।
  - **राज निघंटु**: कूष्माण्ड मूत्राघातहर, मूत्रकृच्छ्रहर, तृष्णाहर, वृष्या, पुष्टिकारक, बल्य और क्षुधा वर्धक है।
  - **प्रिय निघंटु**: कूष्माण्ड बृंहण, वृष्य, शीत, मधुर, पित्तशामक, मूत्रल और मेध्य है। विसर्प में उपयोगी है।
  - **धन्वंतरि निघंटु**: कूष्माण्ड वात और पित्त का शमन करने वाला, बस्तिशोधक, वृष्य, हृद, और मानसिक विकार में उपयुक्त है। हृदौबल्य, स्मृतिनाश, मूत्रकृच्छ्र, मूत्रघात, रक्तष्ठीवन और दाह में उपयोगी है।
  - **कैयदेव निघंटु**: कूष्माण्ड शीतल, शुक्रवर्धक, रस एवं विपाक में मधुर, गुरु, हृदय के लिये हितकर, रुक्ष तथा वातपित्तशामक है। कूष्माण्ड का फल शीतल एवं पित्त को नष्ट करने वाला है। पक्व फल सर्वदोषनाशक, दीपन, बस्तीशोधन, लघु, उष्ण, मधुर और क्षारीय होता है। यह मानस रोगों में प्रशस्त है। कूष्माण्डभांडी क्षारीय, मधुर, रोचक, गुरु, रुक्ष और मलभेदक है। कूष्माण्डफल की मज्जा मधुर और बस्ती का शोधन करने वाली है। कूष्माण्ड की शाक गुरु, सन्निपातज्वरहर, शोथ, आमदोष, वात एवं दाह नाशक तथा उष्णवीर्य है।
- **Phamacodynamic**

रस: मधुर		गुण: लघु, पिच्छिल

वीर्य: शीत	दोषकर्म: सर्वदोषहर

विपाक: मधुर	प्रभाव: मेध्य

- **प्रयोज्य अंग**: फल, वीज, वीजतैल
- **Action:**
  - Leaves-cooling, juice rubbed on bruises.
  - Fruit decoction-Laxative, Diuretic, Nutritious, Styptic
  - Seeds-Anthelmintic.
- **उपयोग**: कूष्माण्ड का फलक्वाथ मलरेचक, मूत्रवर्धक, पौष्टिक, आंतरिक रक्तस्राव और श्वसन मार्ग के रोगों के लिये दिया जाता है। कूष्माण्ड का फल स्वरस अपस्मार, उन्माद और नाड़ीतंत्रिका रोगों के उपयोग किया जाता है।
- **विशेष उपयोग (Special Remedy)**
  - अपस्मार में कूष्माण्ड स्वरस का यष्टिमधु चूर्ण के साथ प्रयोग किया जाता है।
  - परिणामशूल में कूष्माण्ड स्वरस मिश्री के साथ प्रयुक्त किया जाता है।
  - मूत्रकृच्छ्र में यवक्षार के साथ कूष्माण्ड स्वरस का प्रयोग किया जाता।
- **औषधि स्वरूप**: चूर्ण, अवलेह, स्वरस
- **प्रमुख योग**: कूष्माण्डावलेह

# 19. खदिर

- **हिन्दी नाम**: खैर
- **संस्कृत नाम**: रक्तसार, कंटकी
- **वानस्पतिक नाम**: *Acacia catechu* (Linn. f.) Willd
- **फॅमिली**: Leguminoceae
- **संहिता एवं अन्य ग्रंथ संदर्भ**:
  - **चरक संहिता**: खदिर श्रेष्ठ कुष्ठघ्न औषधि है। कृमिकुष्ठ में खदिर का उपयोग स्नान, पानार्थ, लेपनार्थ और धूपन के लिये करे।
  - **सुश्रुत संहिता**: कुष्ठ रोगी के स्नान, पान और लेपन के लिये खदिर प्रयोग करे।
  - **वाग्भट**: मुखरोग में खदिर सिद्ध तैल का कवल-गंडूप करे (उ.22/26)। दांत के रोग में खदिर-क्वाथ गंडूप करे (चि.45)।
- **निघंटु संदर्भ**:
  - **भावप्रकाश निघंटु**: खदिर तिक्त कषाय रस, शीतल, दन्त हितकर एवं कंडु, कास, अरुचि, मेंद, कृमि, ज्वर, व्रण, श्वेतकुष्ठ, शोथ, आम, पित्त, रक्तविकार, पाण्डु, कुष्ठ और कफ को दूर करने वाला है।
  - **राज निघंटु**: खदिर तिक्त, शीत, पाचक और कफ-पित्तहर है। यह कुष्ठ, व्रण, रक्तविकार, शोथ और कंडु में उपयोगी है।
  - **प्रिय निघंटु**: खदिर शीतवीर्य, कफ-पित्तशामक है और कुष्ठ, दन्तरोग तथा मेदो रोग में उपयोगी है।
  - **धन्वंतरि निघंटु**: खदिर रक्तशोधक, कुष्ठ, आम, कास, कंडु, अतिसार और कृमि में प्रयोग होता है।
  - **कैयदेव निघंटु**: खदिर तिक्त एवं कषाय, शीतवीर्य, कफ-पित्त नाशक, दन्त हितकर, कृमि, कुष्ठ, श्वित्र, कंडु, ज्वर, आमदोष, मेंदोरोग, रक्तविकार, कास, अरुचि एवं पाण्डु को नष्ट करता है।
- **Phamacodynamic**

रस: तिक्त, कषाय          गुण: रुक्ष, लघु

| | |
|---|---|
| वीर्य: शीत | दोषकर्म: त्रिदोषहर |
| विपाक: कटु | प्रभाव: कुष्ठघ्न |

- **प्रयोज्य अंग**: त्वक, खदिरसार
- **Action:** Antidiarrhoeal, Haemostatic; Antileprotic Drug.
- **उपयोग**: खदिर अत्यधिक श्लेष्म (mucous) निर्वहन, रक्तस्राव, दन्तवेष्टन रोग, गलरोग, मुखरोग, मुखपाक और Irritable Bowel Syndrome के चिकित्सा के लिये प्रयुक्त होता है। *Ayurvedic Pharmacopoeia of India* अनुसार खदिर का उपयोग शोथ (Inflammations), त्वचा रोग, मूत्र संबंधी विकारों, Lipid विकारों में और रक्त शोधक के रूप में करते है।
- **विशेष उपयोग (Special Remedy)**
  - मुखगत व्रण में खदिर क्वाथ का गंडुष करना चाहिये।
  - सभी प्रकार के त्वक रोग में खदिर क्वाथ का प्रयोग करना चाहिये।
  - खदिर का श्वित्र में स्थानिक प्रयोग करे।
  - अतिसार और अग्निमांध्य में खदिर चूर्ण का प्रयोग करे।
  - कास, प्रतिश्याय और स्वरभेद में खदिर विशेषकर लाभकर है।
- **औषधि स्वरूप**: चूर्ण, अरिष्ट, क्वाथ
- **प्रमुख योग**: खदिरादि वटी, खदिरारिष्ट, लवंगादिवटी

# 20. खर्जूर

- **हिन्दी नाम**: खजूर
- **संस्कृत नाम**: खर्जूर
- **वानस्पतिक नाम**: *Phoenix dactylifer* Linn
- **फॅमिली**: Palmae
- **संहिता एवं अन्य ग्रंथ संदर्भ**:
  - **चरक संहिता**: खजूर, पिप्पली, द्राक्षा, घृत, मिश्री और मधु का मिश्रण कास और श्वास में प्रयोग करे (चि. 8/94)। ग्रहणी में खर्जूर का क्वाथ बनाकर उसका आसव बना ले और उसका उपयोग करे (चि. 19/149)।
  - **सुश्रुत संहिता**: ज्वर में मुखवैरस्य होने से खर्जूर और द्राक्षा का अवलेह बनाकर मुख में रखे (उ. 39/183)। हिक्का में खर्जूर की गुठली का चूर्ण और पिप्पली चूर्ण का मधु के प्रयोग करे (उ. 50/28)।
- **निघंटु संदर्भ**:
  - **भावप्रकाश निघंटु**: खर्जूर रस में मधुर रस, शीतल, स्निग्ध, रुचिकर, हृदय हितकारी, गुरु, सन्तर्पणकारक, बलवर्धक एवं क्षय, क्षत, रक्तपित्त, कोष्ठस्थित-वायु, वमन, वात, कफ, ज्वर, अतिसार, तृष्णा, कास, श्वास और मूर्च्छा में उपयोगी है।
  - **राज निघंटु**: खर्जूर कषाय है। पक्व खजूर मधुर और कषाय, पित्तघ्न और कफकर है। यह वृष्य और बृंहण है।
  - **प्रिय निघंटु**: खर्जूर का फल गुरु, मधुर, स्निग्ध, शीतवीर्य, वात-पित्तशामक, तृप्तिकर, बल्य, वृष्य है और क्षय तथा कास में उपयोगी है।
  - **धन्वंतरि निघंटु**: खर्जूर का उपयोग उर:क्षत और क्षय में करना चाहिये। खर्जूर हृदय के लाभकर है। यह मस्तिष्कदौर्बल्य, मूर्च्छा, भ्रम, तृष्णा, छर्दी, कास, श्वास, हिक्का, ज्वर, दाह, मूत्रकृच्छ्र और कृमि में उपयोगी है।
  - **कैयदेव निघंटु**: खर्जूर रस में कषाय, मधुर; विपाक में मधुर,

शीतवीर्य, स्निग्ध, रुचिकर, हृद्द, क्षत एवं क्षय नाशक, गुरु, तर्पक, रक्त-पित्तनाशक, तुष्टि एवं पुष्टि देनेवाला, बलकारक, दाह, ज्वर, क्षुधा, तृष्णा, कास एवं श्वास को दूर करता है।

❖ **Phamacodynamic**

| | |
|---|---|
| रस: मधुर | गुण: स्निग्ध, गुरु |
| वीर्य: शीत | दोषकर्म: वात-पित्तशामक |
| विपाक: मधुर | |

❖ **प्रयोज्य अंग:** फल

❖ **Action:** Fruits- healing. Juice-cooling, gastric stimulant. Root-used for nervous debility.

❖ **उपयोग:** कार्श्य, श्रम, दाह, हिक्का, ज्वर, कास, श्वास, क्षतजक्षय

❖ **विशेष उपयोग (Special Remedy):**

- कास में खर्जूर, पिप्पली, द्राक्षा और मिश्री मिलाकर प्रयोग करे।
- खजूर और सोंठ का चूर्ण बराबर मात्रा में श्वास रोगी में प्रयोग करे।
- छर्दी में खर्जूर के साथ नारिकेल, द्राक्षा और बदर मिलाकर प्रयोग करे।
- तमकश्वास में खर्जूर, पिप्पली, द्राक्षा, मिश्री को मधु के साथ मिलाकर दे।
- शय्यामूत्र में खर्जूर का प्रयोग किया जाता है।
- खजूर और शहद को बराबर मात्रा में मिलाकर खाने से कार्श्यरोग में मदद होती है।
- पाण्डू में खर्जूर का प्रयोग किया जाता है।

❖ **औषधि स्वरूप:** मंथ, अवलेह

❖ **प्रमुख योग:** द्राक्षादि चूर्ण, एलादि गुटिका, शिवा गुटिका

# 21. गुडूची

- **हिन्दी नाम**: गिलोय
- **संस्कृत नाम**: अमृता, छिन्नरूहा
- **वानस्पतिक नाम**: *Tinispora cordifolia* Wild.
- **फॅमिली**: Menispermaceae
- **संहिता एवं अन्य ग्रंथ संदर्भ**:
  - **चरक संहिता**: गुडूची स्वरस का रसायन के रूप में प्रयोग किया जाता है (चि.अ.1)। गुडूची स्वरस का विषमज्वर में प्रयोग बताया गया है (चि.अ.3)। कामला में गुडूची स्वरस का मधु के साथ दे (चि.अ.20)।
  - **सुश्रुत संहिता**: वातज्वर में गुडूची का शीत कषाय देते है (उ.अ.29)।
  - **वाग्भट संहिता**: सभी प्रमेह में मधु के साथ प्रयोग करे (चि.अ.20)।
  - **शाङ्गर्धर संहिता**: जीर्णज्वर में गुडूची का हिम प्रयोग करे। कामला में गुडूची स्वरस का प्रयोग करे। चक्षुवेदना में त्रिफला क्वाथ के साथ गुडूची और पिप्पली का मधु के साथ नियमित सेवन करे।
- **निघंटु संदर्भ**:
  - **भावप्रकाश निघंटु**: गुडूची रस में कटु तिक्त-कषाय, विपाक में मधुर, रसायन, उष्णवीर्य, संग्राही, लघु, बलकारक और अग्निदीपक है। यह त्रिदोष प्रकोप, कृमि, आम, पाण्डु, कामला, कुष्ठ, श्वास, कास, छर्दी और मूत्रकृच्छ्र में प्रयुक्त है।
  - **राज निघंटु**: गुडूची गुरु, तिक्त-कषाय रस, ज्वरनाशीनी है। यह दाह, अरति, तृष्णा, वमी, पाण्डु और भ्रम में उपयुक्त है।
  - **प्रिय निघंटु**: गुडूची तिक्त, उष्णवीर्य, बल्य एवं रसायन है। ज्वर और कामला में उपयोगी है।
  - **धन्वंतरि निघंटु**: गुडूची रस में तिक्त-कषाय, उष्णवीर्य, संग्राही, बल्य, मेंध्य और रसायन है। यह त्रिदोष प्रकोप, कृमि, रक्तविकार,

कुष्ठ, और ज्वर में उपयोगी है। ज्वर, तृष्णा, पाण्डु, छर्दी, स्थौल्य, विसर्प, जीर्णज्वर और यकृतविकार में प्रयुक्त है।

- **कैयदेव निघंटु**: गुडूची विपाक में मधुर, रस में कषाय, कटु, तिक्त, लघु, संग्राही, हृदय हितकारी, बलकारक, उष्णवीर्य और अग्निदिपक है। यह त्रिदोषजन्य विकार, कुष्ठ, कृमि, छर्दी, दाह, पाण्डुरोग, आमदोष, ज्वर, कामला, तृष्णा और कास रोगों को दूरकरती है।

❖ **Phamacodynamic**

| | |
|---|---|
| रस: तिक्त, कषाय | गुण: गुरु, स्निग्ध |
| वीर्य: उष्ण | दोषकर्म: त्रिदोषहर |
| विपाक: मधुर | प्रभाव: रसायन |

❖ **प्रयोज्य अंग**: काण्ड

❖ **Action:** Anti-Allergic, Antioxidant, Anti-Pyretic, Anti-Infective, Hepato-Protective, Immunomodulator.

❖ **उपयोग**: रसायन, संग्राही, बल्य, अग्निदिपक, त्रिदोषशामक, कुष्ठ, कृमि, छर्दी, दाह, पाण्डु, ज्वर, कामला, कासमें उपयोगी है।

❖ विशेष उपयोग (**Special Remedy**):

- कामला में गुडूची स्वरस का प्रयोग करे।
- कंडु में गुडूची क्वाथ का निम्ब के साथ प्रयोग करे।
- गुडूची स्वरस में मधु मिलाकर सेवन करने से बल बढता है।
- गुडूची चूर्ण को शुण्ठी चूर्ण के साथ सममात्रा में लेने पर मंदाग्नि दूर होती है।
- ब्राह्मी के साथ गुडूची का क्वाथ लेने से उन्माद रोगियों में लाभ देता है।
- गुडूची, अतीविषा, इन्द्रयव, मुस्ता, शुण्ठीएवं चिरायता का क्वाथ बनाकर लेने से ज्वरातिसार मिटता है।
- गुडूची, मरिच्च, वंशलोचन और इलायची को बराबर मात्रा में लेकर मिलाकर क्षय रोग में प्रयोग करे।

❖ **औषधि स्वरूप**: चूर्ण, क्वाथ, हीम

❖ **प्रमुख योग**: अमृतारिष्ट, गुडुच्यादी क्वाथ, संशमनवटी, अमृतादिक्वाथ, चंद्रकला रस, चंद्रप्रभावटी, सारिवादिवटी

# 22. गोक्षुर

- **हिन्दी नाम**: गोखरू
- **संस्कृत नाम**: त्रिकंटक
- **वानस्पतिक नाम**: *Tribulus terrestris* Linn
- **फॅमिली**: Zygophyllaceae
- **संहिता एवं अन्य ग्रंथ संदर्भ**:
  - **चरक संहिता**: गोक्षुर चूर्ण क्षीर और जल के साथ सिद्ध करके वेदनायुक्त मूत्रप्रवृति में दे (चि.अ.4)। अश्मरी में गोक्षुर पंचांग स्वरस का घृत सिद्ध करे और घृत को आठ गुने क्षीर के साथ सेवन करे (चि.अ.26)।
  - **सुश्रुत संहिता**: अश्मरी भेदन के लिये गोक्षुरचूर्ण मधु और अविक्षीर के साथ दे।
  - **चक्रदत्त**: मलमूत्र प्रवृत्ति बंद हो जाने पर गोक्षुर क्वाथ का यवक्षार के साथ प्रयोग करे।
  - **शारंगधर संहिता**: इंद्रलुप्त में गोक्षुर और तिल पुष्प समभाग प्रमाण लेकर मधु के साथ लेप करे।
- **निघंटु संदर्भ**:
  - **भावप्रकाश निघंटु**: गोक्षुर शीतवीर्य, स्वादु, बलकारक, बस्तीशोधक, मधुररसयुक्त, अग्निदीपक, वृष्य और पुष्टिकारक है। यह श्वास, कास और मूत्रकृच्छ्र में उपयोगी है।
  - **राज निघंटु**: गोक्षुर शीतल, बल्य, मधुर, और बृंहण है। यह मूत्रकृच्छ्र, अश्मरी, दाह और रसायन में उपयोगी है।
  - **प्रिय निघंटु**: गोक्षुर का फल शीतवीर्य, मधुर बल्य, वृष्य, एवं रसायन है।
  - **धन्वंतरि निघंटु**: गोक्षुर बृंहण, वृष्य, त्रिदोषशामक, अग्निवर्धक है। यह मूत्रविकार, वृक्करोग में उपयोगी है और उत्तम मूत्रल है।
  - **कैयदेव निघंटु**: गोक्षुर मधुर, बल्य, वृष्य, पुष्टिकारक, त्रिदोषशामक और शीतवीर्य होता है। यह बस्तीवात, हृद्रोग, मूत्रकृच्छ्र, अश्मरी, श्वास, और कासजनित पीड़ा को दूर करता है।

❖ **Phamacodynamic**

रस: मधुर
गुण: गुरु, स्निग्ध
वीर्य: शीत
दोषकर्म: वात-पित्त शामक
विपाक: मधुर

❖ **प्रयोज्य अंग**: फल, मूल

❖ **Action:**

- Fruits-diuretic, demulcent, anti-inflammatory, anabolic, spasmolytic, muscle relaxant, hypotensive, hypoglycaemic.
- Leaf-diuretic, haemostatic.
- Root-stomachic, diuretic.

❖ **उपयोग**: गोक्षुर मूत्रगतरोग (मूत्रकृच्छ्र, अश्मरी, Urolithiasis, Crystalluria) कास और तमकश्वास में प्रयोग किया जाता है। *Ayurvedic Pharmacopoeia of India* के अनुसार गोक्षुर के फल में Cardiotonic गुण होते है।

❖ **विशेष उपयोग (Special Remedy):**

- गोक्षुर क्वाथ का क्षीर के साथ धातुक्षय में प्रयोग करे।
- मूत्रकृच्छ्र में गोक्षुर क्वाथ का प्रयोग करे।
- अश्मरी में गोक्षुर फल चूर्ण का मधु के साथ क्षीर का प्रयोग करे।
- गोक्षुर का रसायन के रूप में भी प्रयोग करे।

❖ **औषधि स्वरूप**: चूर्ण, क्वाथ, गुग्गुल

❖ **प्रमुख योग**: दशमूलारिष्ट, नारदीय लक्ष्मीविलास रस

# 23. चक्रमर्द

❖ **हिन्दी नाम:** चकवड़

❖ **संस्कृत नाम:** दद्रुघ्न, मेंषलोचन

❖ **वानस्पतिक नाम:** *Cassia tora* Linn

❖ **फॅमिली:** Leguminosae

❖ **संहिता एवं अन्य ग्रंथ संदर्भ:**

➢ **चरक संहिता:** सिध्म कुष्ठ में चक्रमर्दमूल को कांजी के साथ पीसकर लेप करे (चि. 7/124)।

❖ **निघंटु संदर्भ:**

➢ **भावप्रकाश निघंटु:** चक्रमर्द लघु, स्वादिष्ट, रुक्ष, पित्त-वात नाशक, हृदय के लिय हितकर, शीतवीर्य, कफ, श्वास, कुष्ठ, दद्रु और कृमि को नष्ट करता है। चक्रमर्द का फल उष्णवीर्य और कटु रसयुक्त होता है एवं कुष्ठ, कंडु, दद्रु, वायु, कास, कृमि और श्वास में उपयोगी है।

➢ **राज निघंटु:** चक्रमर्द कटु और मेदो-वात-कफहर है। यह व्रण, कंडु, कृमि, कुष्ठ, दद्रु और पामा में उपयोगी है।

➢ **प्रिय निघंटु:** चक्रमर्द का बीज कंडु और दद्रु में उपयोगी है।

➢ **धन्वंतरि निघंटु:** चक्रमर्द का बीज का प्रलेप त्वकरोग में तथा कृमि, विबन्ध और रक्तविकार में चूर्ण एवं पत्रस्वरस हितकर है। चक्रमर्द दद्रु और कंडु का नाश करता है।

➢ **कैयदेव निघंटु:** चक्रमर्द शीतल, लघु, हृदय हितकर, मधुर, लवण रस, विष्टंभक, सृष्टविन्मूत्र है। यह कफ, कुष्ठ, ज्वर, श्वास, कास, अरुचि और कृमिरोग में लाभकर है। चक्रमर्द का शाक कंडु और दद्रु में हितकर है।

❖ **Phamacodynamic**

रस: कटु
गुण: लघु, रुक्ष
वीर्य: उष्ण
दोषकर्म: कफ-वात शामक
विपाक: कटु

- **प्रयोज्य अंग**: बीज, पत्र
- **Action:** Anti-Inflammatory, Hepato-Protective, Anthelmintic, Antioxidant, Antibacterial.
- **उपयोग**: त्वक गतरोगों में पत्र का आभ्यंतर प्रयोग करे। कंडु और कृमि (Ringworm) में बाह्य प्रयोग करते है। कामला में पत्र और बीज का कल्क का उपयोग करते है। बीज का उपयोग प्रवाहिका में करते है। *Ayurvedic Pharmacopoeia of India* के अनुसार चक्रमर्द के बीज पक्षाघात और अर्धांग वात की चिकित्सा में उपयुक्त द्रव्य है।
- **विशेष उपयोग (Special Remedy):**
    - कंडु में चक्रमर्द के बीज के साथ तिल एवं सर्षप तैल को मिलाकर मिश्रण बनाले और सुकोष्ण जल में मिलाकर स्नान करे।
    - श्वास एवं कास रोग में चक्रमर्द के बीजों का चूर्ण मधु के साथ प्रयोग करे।
    - शीतपित्त में चक्रमर्द पत्र चूर्ण का घृत के साथ सेवन करे।
    - कृमि में चक्रमर्द पत्र क्वाथ का प्रयोग करे।
    - गंडमाला में चक्रमर्द मूल को निम्बू रस में पीसकर लेप करे।
- **औषधि स्वरूप**: चूर्ण, स्वरस
- **प्रमुख योग**: निम्बादिचूर्ण

# 24. जटामांसी

- **हिन्दी नाम**: नारदे
- **संस्कृत नाम**: तपस्विनी, नलदा, सुलोमशा
- **वानस्पतिक नाम**: *Nardostachys Jatamansi* DG
- **फॅमिली**: Valerianaceae
- **संहिता एवं अन्य ग्रंथ संदर्भ**:
- **चरक संहिता**: चरक संहिता में कंडुघ्न और संज्ञास्थापन दशेमानी में उल्लेख किया है। बालकों के वस्त्र को धूपन देने वाले द्रव्य में मांसी शब्द से उल्लेख किया है (शा. 2/122)।
- **निघंटु संदर्भ**:
  - **भावप्रकाश निघंटु**: जटामांसी रस में तिक्त-कपाय, मेधाजनक, कांतिवर्धक, बलप्रद, स्वादिष्ट और शीतवीर्य है। यह त्रिदोप, रक्तप्रकोप, दाह, विसर्प एवं कुष्ठ को नाश करने वाली है।
  - **राज निघंटु**: जटामांसी एक विशिष्ट सुगंध वाली, कषाय, कटु और शीतल है। यह कफ-पित्तघ्न, दाहघ्न, भूतघ्न और कांतिवर्धक है।
  - **प्रिय निघंटु**: जटामांसी मेधावर्धक, तिक्त, ईषदुष्ण और वर्ण के लिये हितकर है। अनिद्रा और चर्म रोग में उपयोगी है।
  - **धन्वंतरि निघंटु**: जटामांसी रस में मधुर-कपाय, रक्तविकार को नाश करने वाली, बलवर्धक, त्वचा के रोगों को दूर करने वाली एवं कांति बढ़ाने वाली है। अपस्मार, उन्माद, नाड़ी, मस्तिष्कदौर्बल्य में इसका प्रयोग सर्वोत्तम है।
  - **कैयदेव निघंटु**: जटामांसी रस में मधुर-तिक्त-कपाय, शीतवीर्य, त्रिदोप बलकारक, कांतिवर्धक, एवं विसर्प, दाह और रक्तविकार को नाश करने वाली है।
- **Phamacodynamic**

रस: तिक्त, कपाय, मधुर    गुण: लघु, स्निग्ध

वीर्य: शीत दोषकर्म: त्रिदोषशामक

विपाक: कटु प्रभाव: मानसदोषहर

- **प्रयोज्य अंग**: मूल
- **Action:** Tranquilizer, Sedative, Hypotensive.
- **उपयोग:** जटामांसी का उपयोग अपस्मार, हृदयरोग (Palpitation of Heart) और उदरशुल (Intestinal Colic) में किया जाता है।
- **विशेष उपयोग (Special Remedy):** रसायन
- **औषधि स्वरूप**: चूर्ण, क्वाथ
- **प्रमुख योग**: मांस्यादि क्वाथ, अरविंदासव, दशांगलेप, रक्षोघ्न घृत, नारायण तैल

# 25. जीरक

- **हिन्दी नाम**: जीरा
- **संस्कृत नाम**: जरण, अजाजी
- **वानस्पतिक नाम**: *Cuminum cyminum* Linn.
- **फॅमिली**: Umbelliferae
- **संहिता एवं अन्य ग्रंथ संदर्भ**:
  - **चक्रदत्त**: मंदाग्नि, वायुविकार और विषमज्वर में जीरकचूर्ण गुड के साथ मिलाकर दे।
- **निघंटु संदर्भ**:
  - **भावप्रकाश निघंटु**: भावप्रकाश निघंटु में तीन प्रकार के जीरक का वर्णन मिलता है। जीरक रुक्ष, कटु रस, उष्णवीर्य लघु, संग्राही, मेध्य, ज्वरनाशक, पाचक, रुचिकर, कफनाशक, नेत्रहितकर और वायु, आध्मान, गुल्म, छर्दी तथा अतिसार में लाभकर है।
  - **राज निघंटु**: जीरक कटु, उष्ण, वातहर और पाचक है। यह आध्मान, अतिसार, ग्रहणी और कृमि में लाभकरी है।
  - **प्रिय निघंटु**: जीरक कफ-वात शामक, दीपन, पाचन, रुचिकर है।
  - **धन्वंतरि निघंटु**: जीरक रस में कटु, गुण में रुक्ष, वात शामक एवं अग्निदीपक है। यह गुल्म, आध्मान, अतिसार, ग्रहणी एवं कृमि का नाश करता है।
  - **कैयदेव निघंटु**: कैयदेव निघंटु में तीन प्रकार के जीरक का वर्णन मिलता है। जीरक कटु-तिक्त रस, कटु विपाक, उष्णवीर्य, लघु, रुक्ष, रुचिकर, संग्राही, नेत्रहितकर, अग्निदीपक, मेध्य, हृद्द है। यह छर्दी, आध्मान और अतिसार में लाभकर है।
- **Phamacodynamic**

| | |
|---|---|
| रस: कटु | गुण: लघु, रुक्ष |
| वीर्य: उष्ण | दोषकर्म: कफ-वात शामक |
| विपाक: कटु | |

- **प्रयोज्य अंग**: बीज
- **Action:** Carminative, Antispasmodic, Stimulant, Diuretic, Antibacterial, Galactagogue.
- **उपयोग**: जीरक का उपयोग श्वास, कास, शूल और अग्निमांध्य में किया जाता है।
- **विशेष उपयोग (Special Remedy):**
  - जीरक बीज चूर्ण और शहद स्मृति को बेहतर बनाने में मदद करता है।
  - स्तन्यक्षय में जीरक बीज चूर्ण का क्षीर के साथ प्रयोग करे।
  - अजीर्ण और शुल में भर्जित जीरक का सैंधव लवण और सुकोष्ण जल के साथ प्रयोग करे।
  - भर्जित जीरक का तक्र के साथ अतिसार में प्रयोग करे।
  - जीरक बीजचूर्ण का गुड़ या गुडूची स्वरस के साथ विषमज्वर में प्रयोग किया जाता है।
  - छर्दी में सौवर्चल लवण, मरीच और मिश्री के साथ जीरक का प्रयोग करे।
  - कास में आर्द्रक के साथ जीरक बीज चूर्ण का क्वाथ बनाकर प्रयोग करे।
- **औषधि स्वरूप**: चूर्ण
- **प्रमुख योग**: जीरकाद्यारिष्ट

# 26. ज्योतिष्मती

- **हिन्दी नाम**: मालकांगनी
- **संस्कृत नाम**: पारावतपदी, काकाण्डकी
- **वानस्पतिक नाम**: *Celastrus panniculatus* Willed
- **फॅमिली**: Celastraceae
- **निघंटु संदर्भ**:
  - **भावप्रकाश निघंटु**: ज्योतिष्मती कटु-तिक्तरस, सारक, वामक, तीक्ष्ण, अत्यंत उष्णवीर्य और कफ-वात शामक है। जठराग्नि, बुद्धि और स्मरणशक्ति बढ़ाने वाली है।
  - **राज निघंटु**: ज्योतिष्मती तिक्तरस, रुक्ष, किंचित कटु और वात-कफघ्न है। यह दाहघ्न, दीपन, मेध्य और प्रज्ञा को बढ़ाने वाली है।
  - **प्रिय निघंटु**: ज्योतिष्मती कटु-तिक्त, तीक्ष्ण, उष्णवीर्य, कफ-वात शामक, दीपन, वामक और बुद्धिवर्धक है।
  - **धन्वंतरि निघंटु**: ज्योतिष्मती मेधाकरी, वर्णकरी, जठरविकारनाशनी, कटु-तिक्त रस, तीक्ष्ण, अत्यंत उष्ण और कफ-वात शामक है। यह वातव्याधि, मस्तिष्करोग, नाड़ीदौर्बल्य एवं विबन्ध में उपयोगी है।
  - **कैयदेव निघंटु**: ज्योतिष्मती कषाय, तिक्त एवं कटु रस, उष्णवीर्य, सुस्निग्ध, तीक्ष्ण, वामक एवं सारक है। यह मेंध्य, नेत्रहितकर, वर्ण, विसर्प और पाण्डु में उपयोगी है। ज्योतिष्मती कफ-वात शामक है।
- **Phamacodynamic**

| | |
|---|---|
| रस: कटु, तिक्त | गुण: तीक्ष्ण |
| वीर्य: उष्ण | दोषकर्म: कफ-वात शामक |
| विपाक: कटु | प्रभाव: मेध्य |

- **प्रयोज्य अंग**: बीज और तैल, पत्र
- **Action**:
  - Seeds-nervine and brain tonic, diaphoretic, febrifugal, emetic.
  - Leaves-antidysenteric,

- **उपयोग**: ज्योतिष्मती के बीज नाड़ीतंत्रिका रोग नाशक और मस्तिष्क वर्धक है। मानसिक विकार (Mental Depression), कंडु, पामा, पक्षाघात और स्मृति नाश के लिये बीज तैल का उपयोग किया जाता है। पक्षाघात और कुष्ठ रोग में बीजों का क्वाथ दिया जाता। *Ayurvedic Pharmacopoeia of India* के अनुसार ज्योतिष्मती के बीज leucoderma और श्वित्र में उपयोग कर सकते है।

- **विशेष उपयोग (Special Remedy):**

    - सिध्म (त्वकरोग) रोग में तैल का प्रयोग अपामार्गक्षार के जल के साथ किया जाता है।
    - Cerebral Palsy के रोगी में ज्योतिष्मती तैल का शिर पर पिचू रखना चाहिये।

- **औषधि स्वरूप**: चूर्ण, तैल

- **प्रमुख योग**: स्मृतिसागर रस (भावना द्रव्य)

# 27. तालिशपत्र

- **हिन्दी नाम**: तालिश
- **संस्कृत नाम**: तालिशपत्र
- **वानस्पतिक नाम**: *Abies webbiana* Lindle.
- **फॅमिली**: Pinaceae
- **संहिता एवं अन्य ग्रंथ संदर्भ**:
  - **वाग्भट संहिता**: अरुचि में तालिशपत्र चूर्ण, कर्पूर और मिश्री का प्रयोग बताया है।
  - **वंगसेन संहिता**: तालिशपत्र चूर्ण और वासा स्वरस मधु के साथ रक्तपित्त में प्रयुक्त होता है।
- **निघंटु संदर्भ**:
  - **भावप्रकाश निघंटु**: तालिशपत्र लघु, तीक्ष्ण और उष्णवीर्य होता है। यह कफ-वात शामक, कास, श्वास, अरुचि, अग्निमांध्य और क्षय में लाभकर है।
  - **राज निघंटु**: तालिशपत्र तिक्त, उष्ण, मधुर और कफ-वात नाशक है। यह कास, हिक्का, क्षय, श्वास और छर्दी में उपयोगी है।
  - **प्रिय निघंटु**: तालिशपत्र तीक्ष्ण, उष्णवीर्य एवं कफ-वात शामक है। कास, श्वास, अरुचि, अग्निमांध्य और राजयक्ष्मा में लाभकर है।
  - **धन्वंतरि निघंटु**: तालिशपत्र कास-श्वास नाशक, अग्निदीपक, कफ-पित्त शामक, मुखरोगहर और हृदय के लिये हितकर है। राजयक्ष्मा में लाभकर है।
  - **कैयदेव निघंटु**: तालिशपत्र तिक्त-कटु, कृमिघ्न और वात-कफ शामक है।
- **Phamacodynamic**

रस: कटु, तिक्त
गुण: लघु, तीक्ष्ण
वीर्य: उष्ण
दोषकर्म: कफ-वात शामक
विपाक: कटु

- **प्रयोज्य अंग**: पत्र
- **Action:** Expectorant, Bronchial, Decongestant, Anticatarrhal, Antiseptic, Carminative, anti-tissue activity.
- **उपयोग**: श्वास, कास, गुल्म, अग्निमांध्य, छर्दी, कृमि
- **विशेष उपयोग (Special Remedy):**
    - ज्वर को कम करने के लिये एक कप पानी उबालें और उसमें तालिश पत्र डाले, इसे 15 मिनट तक रखें बाद में ले।
    - तालिश पत्रक्वाथ विबन्ध की चिकित्सा में उपयोगी है।
    - तालिश पत्रतैल का पक्षाघात के उपचार में प्रयोग किया जाता है।
    - पीनस और तमकश्वास में तालिश पत्र का उपयोग किया जाता है।
- **औषधि स्वरूप**: चूर्ण
- **प्रमुख योग**: तालीसादिचूर्ण, द्राक्षादिचूर्ण, लवणभास्करचूर्ण, प्राणदागुटिका, जातिफलादिचूर्ण, पूगखण्ड.

# 28. तुलसी

- ❖ **हिन्दी नाम**: तुलसी
- ❖ **संस्कृत नाम**: सुरसा, भूतघ्नी, ग्राम्या
- ❖ **वानस्पतिक नाम**: *Ocimum sanctum* Linn.
- ❖ **फॅमिली**: Libiate
- ❖ **संहिता एवं अन्य ग्रंथ संदर्भ**:
  - ➢ **चरक संहिता**: कास में तुलसी का रस मधु के साथ दिया जाता है (चि.22)।
  - ➢ **योगरत्नाकर**: शीतपित्त में तुलसी के स्वरस का लेप बताया गया है।
  - ➢ **शारंगधर संहिता**: विषमज्वर में तुलसीपत्र स्वरस के साथ मरिच चूर्ण का प्रयोग बताया गया है।
- ❖ **निघंटु संदर्भ**:
  - ➢ **भावप्रकाश निघंटु**: तुलसी कटु एवं तिक्तरस, हृद, उष्ण, दाहघ्न और अग्निदीपक है। यह कुष्ठ, रक्तविकार, मूत्रकृच्छ्र, वात-कफदोष और पार्श्वपीड़ा को दूर करने वाली है।
  - ➢ **राज निघंटु**: तुलसी कटु, तिक्त और उष्ण है। यह कफ-वातहर, कृमिहर और रुचिकर है।
  - ➢ **प्रिय निघंटु**: तुलसी कटु-तिक्त, उष्णवीर्य, कफ-वात शामक और दीपन है। कास, ज्वर और श्वास में विशेष लाभकर है।
  - ➢ **धन्वंतरि निघंटु**: तुलसी गुण में लघु, रुक्ष, उष्णवीर्य, कफ, कृमिघ्न और अग्निदीपन है। यह पार्श्वशुल, कास, श्वास, ज्वर, कृमि और रक्तविकार में विशेष लाभकर है।
  - ➢ **कैयदेव निघंटु**: तुलसी कटु, कषाय एवं तिक्त रसात्मक, कटुविपाक, तीक्ष्ण, उष्णवीर्य, रुक्ष, हृद और लघु है। यह दाह, पित्त और अग्नि का वर्धन तथा वात, कफ, श्वास, कास, हिक्का, छर्दी, कृमिरोग, दौर्गंध, पार्श्वपीड़ा, कुष्ठ, मूत्रकृच्छ्र और नेत्ररोग को दूर करने वाली है।

❖ **Phamacodynamic**

| | |
|---|---|
| रस: कटु, तिक्त | गुण: लघु, रुक्ष |
| वीर्य: उष्ण | दोषकर्म: कफ–वात शामक |
| विपाक: कटु | प्रभाव: कृमिघ्न |

❖ **प्रयोज्य अंग**: पत्र, पुष्प, वीज, मूल

❖ **Action:**

- Leaf-carminative, stomachic, antispasmodic, antiasthmatic, expectorant, stimulant, hepatoprotective, antiperiodic, antipyretic.
- Seed-used in genitourinary diseases.
- Root-antimalarial.

❖ **उपयोग**: *Ayurvedic Pharmacopoeia of India* के अनुसार तुलसी के पत्र और वीज का उपयोग प्रतिश्याय और श्वसनक ज्वर (Influenza) तथा वीज का उपयोग मानसरोग में किया जाता है।

❖ **विशेष उपयोग (Special Remedy):**

- तुलसी के पत्तों के साथ पानी उबालें और क्वाथ रूप में गलशोथ में प्रयोग करे।
- आर्द्रक स्वरस और तुलसी के पत्तों का क्वाथ मधु के साथ श्वसनीशोथ (Bronchitis), तमकश्वास एवं कास के लिये एक प्रभावी उपाय है।
- श्वसनक ज्वर (Influenza) में तुलसीपत्र का लवंग और सैंधव लवण के साथ प्रयोग करे।
- रक्तशोधनार्थ तुलसीपत्र स्वरस का प्रयोग किया जाता है।
- विषमज्वर (मलेरिया) में तुलसीपत्र, रसोन, मरिच और हरिद्रा के मिश्रण का उपयोग किया जाता है।
- मसूरिका में तुलसीपत्र स्वरस का मधु के साथ प्रयोग करे।
- ज्वर में तुलसीपत्र और धान्यक का क्वाथ प्रयोग करे।
- कर्णशुल में तुलसीपत्र स्वरस की 2-3 बुँदे डालें।
- कृमि और त्वकरोग में तुलसीपत्र स्वरस का उपयोग करे।

❖ **औषधि स्वरूप**: स्वरस, चूर्ण, क्वाथ

❖ **प्रमुख योग**: त्रिभुवनकीर्ति रस (भावना द्रव्य)

# 29. त्वक

- **हिन्दी नाम**: दालचीनी
- **संस्कृत नाम**: दारुसिता, उत्कट
- **वानस्पतिक नाम**: *Cinnamomum cassia* Blume.
- **फॅमिली**: Lauraceae
- **निघंटु संदर्भ**:
  - **भावप्रकाश निघंटु**: त्वक स्वादिष्ट, तिक्त रस एवं वात-पित्त शामक है। यह सुगंधयुक्त, बलकारक, मुखशोष और तृष्णा को दूर करने वाली है।
  - **राज निघंटु**: त्वक शीत, कटु, लघु, कंठ्य शुद्धिकर और कफ-कास विनाशिनी है।
  - **प्रिय निघंटु**: त्वक मधुर, कटु-तिक्त, उष्ण एवं कफ-वात शामक है। यह दीपन, पाचन, रुचिकर, कास और अग्निमांध्य में उपयोगी है।
  - **धन्वंतरि निघंटु**: त्वक गुण में लघु, तीक्ष्ण, वीर्य उष्ण एवं कफ-वात शामक है। यह विष, कंठ, मुखरोग दूर करने वाली, तथा शिर, हृदय और बस्ती के संशोधन करती है। त्वक शिरोरोग, मुखरोग, मूत्रघात, हृदौर्बल्य एवं ज्वर में उपयोगी है।
  - **कैयदेव निघंटु**: त्वक कटु-तिक्त, गुण में लघु, तीक्ष्ण, उष्ण एवं कफ-वात शामक है। यह हृदय और वस्तीरोग, कृमि, पीनस, अरुचि, कंडु एवं आमदोष में उपयोगी है।
- **Phamacodynamic**

| | |
|---|---|
| रस: कटु, तिक्त, मधुर | गुण: लघु, रुक्ष, तीक्ष्ण |
| वीर्य: उष्ण | दोषकर्म: कफ-वात शामक |
| विपाक: कटु | |

- **प्रयोज्य अंग**: त्वक, तैल, पत्र
- **Action:** Antispasmodic, Carminative, Antidiarrhoeal, Antiemetic, Antimicrobial
- **उपयोग**: त्वक उदर में वायु या वात को कम करनेवाला है और अजीर्ण, उदरशुल, श्लैष्मिक ज्वर तथा प्रतिश्याय में उपयोगी है।

❖ **विशेष उपयोग (Special Remedy):**

- विचर्चिका और दद्रु के लिये, दालचीनी चूर्ण को मधु के बराबर मात्रा में मिलाये और स्थानिक प्रयोग करे।
- अग्निमांध्य, अरोचक और कास में चूर्ण सुकोष्ण जल या मधु के साथ प्रदान करे।
- छर्दी में दालचीनी और तमालपत्र चूर्ण का मधु के साथ प्रयोग करे।
- पारिगर्भिक में दालचीनी और हरीतकी का प्रयोग कहा गया है।
- अतिसार में दालचीनी चूर्ण को सुकोष्ण जल के साथ प्रयुक्त करे।
- प्रतिश्याय, गलशोथ और स्वरभेद में दालचीनी चूर्ण का मरिच के साथ क्वाथ बनाकर पानार्थ प्रयोग करे।
- दन्तशूल में दालचीनी चूर्ण का मंजन करे।
- कास में दालचीनी चूर्ण लवंग चूर्ण के साथ लें।

❖ **औषधि स्वरूप**: चूर्ण, तैल

❖ **प्रमुख योग**: सितोपलादि चूर्ण, गंधक रसायन, एलादी वटी, चंद्रप्रभावटी

# 30. दाड़िम

- **हिन्दी नाम**: अनार
- **संस्कृत नाम**: दन्तबीज, लोहितपुष्प
- **वानस्पतिक नाम**: *Punica granatum* Linn
- **फॅमिली**: Punicaceae
- **संहिता एवं अन्य ग्रंथ संदर्भ**:
  - **चरक संहिता**: नासागत रक्तपित्त में दाड़िमफल के फूल का रस नाक में प्रयोग करने (नस्य) को कहा गया है (चि.अ.5.)।
  - **वंगसेन संहिता**: ज्वर में मुख वैरस्य होने पर दाड़िम और मिश्री को मुख में धारण करे।
  - **चक्रदत्त**: अरुचि में दाड़िम स्वरस को सैन्धवलवण तथा मधु के साथ देने को कहा गया है।
  - **हारीत संहिता**: मुखगत रक्तस्राव में दाड़िमफल त्वक चूर्ण का सिता और मधु के साथ प्रयोग बताया गया है।
  - **शार्ङ्गधर संहिता**: सर्व प्रकार के अतिसार में दाड़िम फल के पुटपाक स्वरस में मधु प्रक्षेपित कर (मिलाकर) देने को कहा गया है।
- **निघंटु संदर्भ**:
  - **भावप्रकाश निघंट**: मधुर दाड़िम आरंभ में मधुर और अंत में कषाय, संतर्पण करने वाले, लघु, ग्राही, स्निग्ध, मेधा तथा बलवर्धक है। यह त्रिदोष, दाह, तृष्णा, ज्वर, हृदय तथा कंठ रोग और मुख दुर्गंध दूर करने वाले है। कुछ मधुर और कुछ अम्ल, अग्निदीपक, रुचिकर, लघु और किंचित पित्तकारक है। अम्ल दाड़िम अम्ल रसयुक्त एवं आम, वात एवं कफ नाशक होते है।
  - **राज निघंटु**: दाड़िम मधुर अम्ल और कषाय रसयुक्त है। यह त्रिदोषहर, कासघ्न, ग्राही, दीपन, लघु, शीतल, श्रमहर और रुचिकर है।
  - **प्रिय निघंटु**: दाड़िम फल मधुर-कषाय, ग्राही, तर्पण और बल्य है। यह तृष्णा, दाह और ज्वर शामक है। दाड़िम फल का छिलका तथा

पुष्पकालिका ग्राही तथा कषाय है दाड़िम की मूलत्वक कृमीनाशक है।

- **धन्वंतरि निघंटु**: दाड़िम स्निग्ध, वीर्य उष्ण, हृदय के लिये हितकारी और कफ-पित्त का शमन करने वाला है। यह मस्तिष्कदौर्बल्य, अरुचि, अग्निमांध्य, अम्लपित्त, कृमि और रक्तविकार में उपयुक्त है।
- **कैयदेव निघंटु**: दाड़िम रुचिकर, अग्निदिपक, मेध्य, कंठ-मुखरोग नाशक, तर्पण, कफ-पित्त का शमन, पुरीष को रोकने वाला, स्निग्ध, कषाय अनुरस एवं लघु होता है।

❖ **Phamacodynamic**

| | |
|---|---|
| रस: मधुर, कषाय, अम्ल | गुण: लघु, स्निग्ध |
| वीर्य: अनुष्ण | दोषकर्म: मधुर फल त्रिदोषहर, अम्ल फल कफ-वात शामक |

विपाक: मधुर (मधुर जाती), अम्ल (अम्ल जाती)

❖ **प्रयोज्य अंग**: फल, फलत्वक, मूलत्वक

❖ **Action**:

- Rind of fruit-astringent, stomachic, digestive.
- Bark of stem and root-anthelmintic, febrifuge.
- Rind of fruit, bark of stem and root-antidiarrhoeal.

❖ **उपयोग**: दाड़िम तृष्णा, ज्वर, दाह, मेधा और बलवर्धक है। दाड़िम फल त्वक अतिसार, प्रवाहिका, बृहदांत्रशोथ, अजीर्ण और मूत्रगत रोगों में उपयोगी है। दाड़िम फल स्वरस शीतल है तथा छर्दी, अजीर्ण, आमाशय शोथ, तृष्णा, ज्वर और अतिसार में दिया जाता है। *Ayurvedic Pharmacopoeia of India* के अनुसार पत्र का उपयोग मुखपाक (Stomatitis) में करना चाहिये।

❖ **विशेष उपयोग (Special Remedy)**:

- अजीर्ण और अरोचक में दाड़िमफल स्वरस का कृष्ण लवण (black salt) के साथ प्रयोग करे।
- दाड़िमफल त्वक का अतिसार और रक्तातिसार में मधु के साथ प्रयोग किया जाता है।
- दाड़िमफल त्वक क्वाथ का कुटज चूर्ण के साथ, रक्तातिसार में प्रयोग करे।
- ज्वर में दाड़िमफल स्वरस दे।

- पाण्डु में दाड़ीमाद्यघृत का प्रयोग करे। (च.चि.16/45-46)
- दाड़िमफल बीज उदरशूल, अतिसार, प्रवाहिका (Amoebic Dysentery) और ज्वर में उपयोगी है।
- कृमि में त्वक का प्रयोग करे।

❖ **औषधि स्वरूप**: चूर्ण, स्वरस

❖ **प्रमुख योग**: दाड़िमाष्टक चूर्ण, कृमिकुठार रस, लवंगादिवटी, बृहत गंगाधरचूर्ण (दाड़िमपत्र)

# 31. दूर्वा

- **हिन्दी नाम**: दूब
- **संस्कृत नाम**: शतपर्वा
- **वानस्पतिक नाम**: *Cynodon dactylon* Pers
- **फॅमिली**: Graminae
- **संहिता एवं अन्य ग्रंथ**:
  - **चरक संहिता**: दूर्वा स्वरस का नासागत रक्तपित्त में नस्यार्थ उपयोग बताया गया है (चि.5)। विसर्प में दूर्वा स्वरस से सिद्ध किया गया घृत का बाह्य प्रयोग कहा गया है (चि.11)।
  - **सुश्रुत संहिता**: दूर्वा स्वरस और अश्वत्थ पत्र स्वरस को रक्तपित्त में मधु के साथ प्रयोग बताया गया है।
- **निघंटु संदर्भ**:
  - **भावप्रकाश निघंटु**: नील दूर्वा और श्वेतदूर्वा भावप्रकाश निघंटु में वर्णित है। नील दूर्वा शीतवीर्य, तिक्त, मधुर तथा कषायरस युक्त एवं कफ, पित्तरक्त, विसर्प, तृष्णा, दाह और चर्मरोग को दूर करने वाली है। श्वेत दूर्वा कषाय, तिक्त एवं स्वादु रसयुक्त, व्रण हितकर, जीवनशक्ति बढ़ाने वाला, शीतवीर्य, विसर्प, रक्तविकार, तृष्णा, पित्त, कफ एवं दाह को दूर करने वाला है।
  - **राज निघंटु**: दूर्वा कषाय, मधुर, शीत है। यह तृष्णा, अग्निमांध्य, छर्दी, दाह, मूर्च्छा और कफ रोग में हितकर है।
  - **प्रिय निघंटु**: दूर्वा शीत, कषाय, स्तम्भक और पित्तशामक है। यह रक्तपित्त, विसर्प और चर्मरोग में विशेष लाभकारक है।
  - **धन्वंतरि निघंटु**: दूर्वा शिरोरोग, उन्माद, अपस्मार, अतिसार, प्रवाहिका, रक्तस्त्राव, मूत्रकृच्छ्र, त्वकविकार और दौर्बल्य में उपयोगी है। (दूर्वा, श्वेत दूर्वा और गण्डदूर्वा प्रकार)
  - **कैयदेव निघंटु**: दूर्वा शीतवीर्य, तिक्त, मधुर एवं कषाय, कफ, रक्त-पित्त, विसर्प, तृष्णा, दाह और चर्मरोग को दूर करनेवाला होता है।

- **Phamacodynamic**

रस: कषाय, मधुर
गुण: लघु
वीर्य: शीत
दोषकर्म: कफ-पित्त शामक
विपाक: मधुर

- **प्रयोज्य अंग**: पंचांग
- **Action:** Astringent, Diuretic, Antidiarrhoeal, Anticatarrhal, Styptic and Antiseptic Properties.
- **उपयोग**: दूर्वा नासागत रक्तपित्त, मूत्रगत रक्तस्त्राव, व्रण, मूत्राशयशोध, वृक्कशोथ, कंडु पामा और त्वकगत रोगों में उपयोगी है। *Ayurvedic Pharmacopoeia of India* के अनुसार शुष्क रेशेदार मूल (dried fibrous root) को मूत्रगत दाह में उपयोग करना चाहिये।
- **विशेष उपयोग (Special Remedy)**:
  - दूर्वा का स्थानिक प्रयोग कुष्ठ और व्रण में करे।
  - दूर्वा रोगप्रतिकार शक्तिवर्धक, स्तन्यवर्धक और निद्राकर है।
  - दूर्वा पाचन रोगों जैसे छर्दी, तृष्णा, अतिसार उपयोगी है।
  - कंडु, पामा और विचर्चिका में दूर्वा स्वरस से सिद्ध तैल से मालिश करनी चाहिये।
  - शीतपित्त में दूर्वा और हरिद्रा को पीसकर लेपन और अभ्यंग करना चाहिये।
  - दूर्वा स्वरस और हरिद्र चूर्ण का कल्क त्वचारोग जैसे कंडु, विचर्चिका, कुष्ठ और पामा में स्थानिक प्रयोग करे।
  - Cynodon dactylon has many nutritional values. The Cynodon dactylon is rich in calcium, phosphorous, potash, potassium, sodium, manganese, protein, enzymes, carbohydrate, fiber, flavonoids and alkaloids.
- **औषधि स्वरूप**: चूर्ण, स्वरस
- **प्रमुख योग**: दूर्वादि तैल

# 32. द्राक्षा

- **हिन्दी नाम**: अंगूर
- **संस्कृत नाम**: मृद्विका, गोस्तनी
- **वानस्पतिक नाम**: *Vitis vinifera* Linn
- **फॅमिली**: Vitaceae
- **संहिता और अन्य ग्रंथ संदर्भ**:
  - **चरक संहिता**: पित्तज कास में मुनक्का, पिप्पली, मिश्री और मधु के साथ देने का विधान है। मुनक्का को पुराण घृत के साथ सिद्ध कर उसे पाण्डु, ज्वर, कामला और गुल्म में प्रयोग करने का निर्देश दिया गया है। क्षय में मुनक्का, घृत, खर्जूर, मिश्री, मधु और पिप्पली मिश्रण का प्रयोग बताया गया है।
  - **सुश्रुत संहिता**: मूत्ररोधज उदावर्त में द्राक्षारस का प्रयोग बताया गया है।
  - **वाग्भट संहिता**: मूत्रकृच्छ्र में द्राक्षारस देने का विधान है।
  - **चक्रदत्त**: द्राक्षा को पुराण घृत के साथ सिद्ध कर और उक्त घृत का पाण्डु, कामला और रक्तपित्त में प्रयोग बताया गया है।
- **निघंटु संदर्भ**:
  - **भावप्रकाश निघंटु**: द्राक्षा मधुर तथा कषाय रसयुक्त, विपाक में मधुर, सारक, शीतल, नेत्र हितकर, बृंहण, गुरु, स्वर्या, मल-मूत्र की प्रवृत्ति करने वाला, वृष्य, पुष्टिकारक, रुचिकर एवं तृष्णा, ज्वर, श्वास, वात, कामला, मूत्रकृच्छ्र, मोह, दाह और शोष को दूर करने वाला है।
  - **राज निघंटु**: द्राक्षा मधुर, अम्ल, पित्तजनित दाह को कम करने वाला, मूत्रदोषहर, रूक्ष, वृष्य और संतर्पक है।
  - **प्रिय निघंटु**: पक्व द्राक्षा मधुर, शीत, बृंहण, बल्य, रुचिकर, एवं सारक है। यह तृष्णा, ज्वर, कास, क्षत, और क्षय उपयोगी है। द्राक्षा रोगप्रतिकार शक्ति वर्धक, वात-पित्तशामक तथा धातुक्षयजनित विकारो एवं दाह, तृष्णा, विसर्प पाण्डु में उपयोगी है।

- **धन्वंतरि निघंटु**: द्राक्षा हृद, स्वर्य, मधुर, स्निग्ध, शीत तथा तृष्णा, ज्वर, कास, श्वास, दाह और क्षय में उपयोगी है। द्राक्षा विबन्ध, उर:क्षत, स्वरभेद और मूत्रकृच्छ्र में उपयोगी है।
- **कैयदेव निघंटु**: मधुर पक्व द्राक्षा स्निग्ध, मलभेदक, स्वर्या, मधुररस, मधुरविपाक, शीतवीर्य, हृद, कषाय, वृष्य, नेत्रहितकर, सृष्टविन्मुत्र, पुष्टि तथा रुचि उत्पन्न करने वाला, क्षय, ज्वर, तृष्णा और दाह को दूर करने वाले है।

❖ **Phamacodynamic**

रस: मधुर

वीर्य: शीत

विपाक: मधुर

गुण: स्निग्ध, गुरु, मृदु

दोषकर्म: वात- पित्त शामक

❖ **प्रयोज्य अंग**: फल

❖ **Action**: Antioxidant, Cardioprotective, Antimicrobial, Antiviral, Hepatoprotective

❖ **उपयोग**: द्राक्षा के शुष्क बीजरहित फल पौष्टिक है। यह कास, प्रतिश्याय, यकृत-प्लीहा वृद्धि, में उपयोगी है। *Ayurvedic Pharmacopoeia of India* के अनुसार द्राक्षा पाण्डु, अजीर्ण, विबन्ध, रक्तविकार, कास और श्वासकष्टता में उपयोगी है।

❖ **विशेष उपयोग (Special Remedy)**:

- द्राक्षा स्वरस और आमलकी स्वरस का ज्वर और विबन्ध में प्रयोग करे।
- कास में द्राक्षा का पिप्पली, शर्करा और मधु के साथ प्रयोग करे।
- पाण्डु में लघुपंचमूल के साथ द्राक्षा का उपयोग करे।
- मन्नुका रात भर भिगोके रखे और सुबह बालको के विबन्ध में प्रयोग करे।
- अर्ध पका हुआ द्राक्षा अग्निमांध्य में दे।
- वात को कम करने के कारण द्राक्षा का उपयोग वातरोग में किया जा सकता है।
- द्राक्षा स्मृति शक्ति को बढ़ाती है और मस्तिष्क के लिये बल्य है।
- द्राक्षा/मुनक्का प्राणवह स्त्रोतस को बल देने का कार्य करते है और कफ दोष को शमन करते है। कास, श्वसनीशोध और तमकश्वास में

प्रयुक्त हैं।

❖ **औषधि स्वरूप**: स्वरस, आसव

❖ **प्रमुख योग**: द्राक्षासव, फलघृत, कुमारकल्याण घृत

# 33. धान्यक

- **हिन्दी नाम**: धनिया
- **संस्कृत नाम**: छत्रा, कुस्तुम्बुरु
- **वानस्पतिक नाम**: *Coriandrum sativum* Linn
- **फॅमिली**: Umbelliferae
- **संहिता एवं अन्य ग्रंथ संदर्भ**:
  - **वाग्भट संहिता**: तृष्णाधिक्य में धान्योदक (धान्यक के पानी) को मधु और सीता मिलाकर देना चाहिये।
  - **वंगसेन संहिता**: पित्तज अतिसार में चतुर्गुण जल में धान्यक कल्क मिलाकर सिद्ध किया घृत सेवन कराये। आमाजीर्ण और शूल में धान्यक और शुंठी का क्वाथ पिलाये । बालकों के श्वास और कास में धान्यक का सूक्ष्म चूर्ण मिश्री और तंदुलोदक के साथ दे।
- **निघंटु संदर्भ**:
  - **भावप्रकाश निघंटु**: धान्यक कषाय रस, मूत्रल, लघु, तिक्त, स्निग्ध, कटु रस, उष्णवीर्य, अग्निदीपक, मधुरविपाक, पाचक, त्रिदोषनाशक और रोचक है। यह, तृष्णा, दाह, छर्दी, कास, श्वास, कृशता और कृमि नाशक है।
  - **राज निघंटु**: धान्यक मधुर, शीत, कषाय, दीपन और पित्तनाशक है। यह ज्वर, कास, तृष्णा और छर्दी में उपयोगी है।
  - **प्रिय निघंटु**: धान्यक दीपन ग्राही, ज्वर, दाह, छर्दीघ्न, त्रिदोषशामक, रुचिकर, हृद्य और मूत्रल है।
  - **धन्वंतरि निघंटु**: आर्द्र धान्यक रुचिकर, सुगंधदायक और हृद्य है। शुष्क धान्यक विपाक में मधुर, गुण में स्निग्ध, तृष्णा एवं दाह का नाश करती है। यह कास, वमन, ज्वर और नेत्र के लिये हितकारी है। अरुचि और अग्निमांध्य में इसका प्रयोग हितकर है।
  - **कैयदेव निघंटु**: धान्यक स्निग्ध, कटु, तिक्त एवं कषाय मधुरविपाक, उष्ण वीर्य, मूत्रल, हृद्य, रुचिकर और त्रिदोषनाशक है। यह अग्निदीपक, पाचक, तृष्णा, दाह, छर्दी, कास, श्वास, आम एवं

कृमि नाशक है।

- **Phamacodynamic**

  रस: कषाय, तिक्त, मधुर, कटु | गुण: लघु, स्निग्ध
  वीर्य: उष्ण | दोषकर्म: त्रिदोषशामक
  विपाक: मधुर

- **प्रयोज्य अंग**: फल, पंचांग

- **Action:** Stimulant, stomachic, carminative, antispasmodic, diuretic; also hypoglycaemic and anti-inflammatory. Oil-bactericidal and larvicidal.

- **उपयोग**: ज्वर, तृष्णा, दीपन, श्वास, कास, कृमि, अग्निमांध्य

- **विशेष उपयोग (Special Remedy):**

  - ज्वर में धान्यक क्वाथ के साथ पटोल का प्रयोग करे।
  - युवानपीडिका में धान्यक के बीज का कल्क बनाकर उसमें मधु और हरिद्रा चूर्ण मिलाये। उक्त कल्क को मुख पर लगाये, सुक जाने के पश्चात शितल जल से मुखप्रक्षालन करे।
  - धान्यक उत्तम पाचक द्रव्य है, अजीर्ण में धान्यक के साथ मरिच चूर्ण, जीरक चूर्ण और सैंन्धव लवण का मिश्रण प्रयोग करे।
  - धान्यक की हरी पत्तियों का कल्क बनाकर उसका मुखगत व्रण में उपयोग करे।
  - ज्वर, कास और उदरशुल में धान्यक क्वाथ का उपयोग किया जाता है।

- **औषधि स्वरूप**: चूर्ण, हिम फाण्ट, क्वाथ
- **प्रमुख योग**: चंद्रप्रभावटी, लवणभास्कर चूर्ण

# 34. नारिकेल

- **हिन्दी नाम**: नारियल
- **संस्कृत नाम**: दृढफल, कूर्चशीर्षक
- **वानस्पतिक नाम**: *Cocos nucifera* Linn.
- **फॅमिली**: Palmae
- **संहिता एवं अन्य ग्रंथ संदर्भ**:
  - **चरक संहिता**: छर्दी में नारियल पानी, मिश्री, मधु और पिप्पली चूर्ण मिलाकर देना चाहिये।
  - **चक्रदत्त**: सूर्यविभेदक और अर्धावभेदक में नारियल पानी दे।
- **निघंटु संदर्भ**:
  - **भावप्रकाश निघंटु**: नारियल कषाय तथा मधुर रसयुक्त, स्निग्ध, गुरु और बृंहण होते है।
  - **राज निघंटु**: नारिकेल गुरु, स्निग्ध, शीत और पित्तघ्न है। यह तृष्णा और कृशता में लाभकर है।
  - **प्रिय निघंटु**: नारिकेल का फल शीत, स्निग्ध, मधुर, बल्य, बृंहण एवं अम्लपित्त की उत्तम औषधि है। नारिकेल का जल मधुर, तृष्णा, ज्वरघ्न, वात-पित्त शामक, हृद्द और मूत्रल है।
  - **धन्वंतरि निघंटु**: नारिकेल का फल गुण में गुरु, स्निग्ध, पित्तघ्न, रस में मधुर, वीर्य में शीत, बल-मांसकारक, शुक्रवर्धक, बृंहण और बस्तिशोधक है। यह अम्लपित्त, अग्निमांध्य, तृष्णा, अतिसार, मूत्रकृच्छ्र, मेदोरोग, क्षय, हिक्का, कास, श्वास और दाह की उत्तम औषधि है।
  - **कैयदेव निघंटु**: नारियल का फल शीतवीर्य, स्निग्ध, मधुररस, मधुर विपाक, गुरु, तर्पक, पाचक, बृंहण, बलकारक, मांस बृद्धिकर, बस्ती संशोधक, दाह, क्षत, क्षय विकार दूर करने वाला है। नारियल का जल शीतल, स्निग्ध, मधुर, बस्तीशोधक, अग्निदिपक, हृदय हितकर, लघु, तृष्णा, दाह तथा पित्तघ्न है।

❖ **Phamacodynamic**

रस: मधुर
वीर्य: शीत
विपाक: मधुर
गुण: स्निग्ध, गुरु,
दोषकर्म: वात- पित्त शामक

❖ **प्रयोज्य अंग**: फल, पुष्प, तैल, मूल, क्षार

❖ **Action:** Fruit-stomachic, laxative, diuretic, styptic, sedative; Oil from endosperm-antiseptic; Root-astringent

❖ **उपयोग**: नारिकेल फल का जल शीतल होता है और यह तृष्णा, ज्वर, मूत्ररोग और आंत्रशोथगत अतिसार (Gastroenteritis) में उपयोगी है। ये Potassium का सबसे अच्छा स्त्रोत है साथ में Minerals और Vitamins होने से विसूचिका (Cholera) के रोगी को लाभकर है। यह निर्जलीकरण (Dehydration) के मामलों में Normal Saline के लिये एक विकल्प के रूप में प्रयोग किया जाता है।

❖ **विशेष उपयोग (Special Remedy):**

- अतिसार में नारियल पानी का प्रयोग निर्जलीकरण (Dehadration) की रोख थाम के लिये उपयुक्त है।
- नारियल पानी मूत्रकृच्छ्र और मूत्रगत विकार में देना चाहिये।
- नारियल पानी का प्रयोग अम्लपित्त के रोगियो में लाभदायक होता है।
- नारियल पानी का तृष्णा और दाह में प्रयोग किया जाता है।
- उन्माद में नारियल पानी का पानार्थ प्रयोग किया जाता है।
- परिणामशूल में नारिकेलखण्ड का प्रयोग किया जाता है।
- छर्दी में नारिकेल, खर्जूर, द्राक्षा और बदर का प्रयोग लाभप्रद होता है।

❖ **औषधि स्वरूप**: तैल, क्षार

❖ **प्रमुख योग**: नारिकेल लवण, 777-Oil

# 35. निम्ब

- **हिन्दी नाम:** नीम
- **संस्कृत नाम:** पिचुमर्द, अरिष्ट
- **वानस्पतिक नाम:** *Azadirachta indica* A Juss
- **फॅमिली:** Meliaceae
- **संहिता एवं अन्य ग्रंथ संदर्भ:**
  - **चरक संहिता:** कुष्ठ में निम्ब के पंचांग का चूर्ण का स्नान, पान और लेप के किए प्रयोग बताया गया है (चि.अ.7)।
  - **सुश्रुत संहिता:** अरुंषिका में निम्ब जल से शिर प्रदेश का प्रक्षालन करने का विधान है (चि.अ.20)।
  - **वाग्भट संहिता:** खलित्य और पालित्य में निम्ब तैल का एक मास तक नस्य करे (उ.20)।
  - **हारीत संहिता:** दंतरोग में निम्बमूल क्वाथ से गंडुष करे।
  - **चक्रदत्त:** उदर्द, कोठ, कंडु, अम्लपित्त और शीतपित्त में निम्बपत्रचूर्ण, धात्रीचूर्ण और घृत सेवन करे। कामला में प्रातः निम्बपत्र स्वरस का मधु के साथ प्रयोग करे।
  - **वंगसेन संहिता:** बालकों के ज्वर में निम्बपत्र मधु और घृत के साथ प्रयुक्त करे।
  - **शारंगधर संहिता:** निम्बपत्र स्वरस कुष्ठ, छर्दी और कृमि में प्रदान करे। कामला में निम्बपत्र स्वरस का प्रयोग करे।
- **निघंटु संदर्भ:**
  - **भावप्रकाश निघंटु:** निम्बपत्र नेत्र हितकर, कृमि-पित्त नाशक, पाक में कटु, सभी प्रकार की अरुचि और कुष्ठ को दूर करने वाले है। निम्ब फल रस में तिक्त तथा पाक में कटु, मल का भेदन, स्निग्ध, लघु, उष्णवीर्य, कुष्ठ और कृमि नाशक होता है।
  - **राज निघंटु:** निम्ब शीत, तिक्त और कफघ्न है। यह व्रण, कृमि, छर्दी और हृदय विदाह में हितकर है।

- **प्रिय निघंटु**: निम्ब शीत, लघु, कफ-पित्तघ्न, ज्वर, कुष्ठ, कृमि, नाशक है। निम्ब रक्तशोधक है।
- **धन्वंतरि निघंटु**: निम्ब तिक्तरस, शीतवीर्य तथा लघु है। कफ, रक्त और पित्तरोगों को नष्ट करता है। यह रक्तविकार, कुष्ठ, कंडु एवं व्रण में उपयोगी है।
- **कैयदेव निघंटु**: निम्ब तिक्त, कटुविपाक, लघु, शीतवीर्य, दीपन, कफ-पित्तशामक और ग्राही है। यह ज्वर, कृमि, कुष्ठ, कास, श्वास, अरुचि, और व्रण को नष्ट करता है।

❖ **Phamacodynamic**

| | |
|---|---|
| रस: तिक्त, कषाय | गुण: लघु |
| वीर्य: शीत | दोषकर्म: कफ-पित्त शामक |
| विपाक: कटु | |

❖ **प्रयोज्य अंग**: पुष्प, पत्र, त्वक, बीज, तैल

❖ **Action:** Leaf, bark-Antimicrobial, Antifungal, Anthelmintic, Antiviral, Antipyretic, Antimalarial, Antiperiodic, Anti-Inflammatory

❖ **उपयोग**: निम्बपत्र का उपयोग दन्तवेष्टन शोथ (Gingivitis), व्रण, प्लीहावृद्धि, विषमज्वर, रोमांतिका और मसूरिका में किया जाता है।

❖ **विशेष उपयोग (Special Remedy):**

- त्वकरोग (Eczema) में नीम की छाल और आम की छाल को 1 लीटर पानी में उबाल लें और और स्थानिक लेप लगायें।
- विषमज्वर (Chronic Maleria Fever) में निम्बपत्र क्वाथ का प्रयोग करे।
- कुष्ठ में निम्बपत्र का लेप करे। पुष्प, पत्र, त्वक, बीज को समान मात्र में लेकर और क्वाथ बनाकर पिलायें।
- रोगप्रतिकारक शक्ति बढ़ाने के लिये निम्ब पुष्प चूर्ण का मधु के साथ प्रयोग करे।
- मसूरिका में निम्ब पत्र क्वाथ का स्नानार्थ प्रयोग करे।
- कामला, वातव्याधि और शितपित्त में निम्बपत्र स्वरस का आभ्यंतर प्रयोग करे।
- दाह में निम्बपत्र का कांजी साथ कल्क बनाकर लेप करे।
- निम्बपत्र का रक्तशोधन हेतु त्वक विकारों में प्रयोग होता है।

- **औषधि स्वरूप**: चूर्ण, क्वाथ, स्वरस, तैल।
- **प्रमुख योग**: बृहत गंगाधरचूर्ण

# 36. पलान्डु

- **हिन्दी नाम**: प्याज
- **संस्कृत नाम**: दुर्गंध
- **वानस्पतिक नाम**: *Allium cepa*Linn.
- **फॅमिली**: Liliaceae
- **संहिता एवं अन्य ग्रंथ संदर्भ**:
  - **चरक संहिता**: नासागत रक्तपित्त में पलांडु के रस का नस्यार्थ प्रयोग बताया गया है (चि. 4/98)। साथ ही हिक्का और श्वास में भी पलांडु रस का नस्य हेतु प्रयोग कहा गया है (चि. 21/128)।
- **निघंटु संदर्भ**:
  - **भावप्रकाश निघंटु**: रस में मधुर, मधुर विपाक, अनुष्ण एवं कफ कारक है। यह वातहर तथा बल एवं वीर्य को बढ़ाने वाला है।
  - **राज निघंटु**: पलांडु कटु, बल्य, कफ-पित्तहर, वृष्या, रोचन, स्निग्ध और छर्दीरोग में उपयुक्त है।
  - **प्रिय निघंटु**: पलांडु उष्ण, तीक्ष्ण, कटु, स्निग्ध, और किंचित कफकारक और वातव्याधि में उपयुक्त है।
  - **धन्वंतरि निघंटु**: समस्त वातव्याधि, ऊर्ध्वजत्रुगतरोग, नाड़ीशुल, अग्निमांध्य, शोथ, मूत्रकृच्छ्र, और दौर्बल्य में इसका प्रयोग लाभकर है।
  - **कैयदेव निघंटु**: पलांडु मधुररस, मधुरविपाक, किंचित उष्ण और वातहर होता है। यह रसोन से थोड़ा कम गुणधर्म वाला होता है।
- **Phamacodynamic**

| | |
|---|---|
| रस: मधुर, कटु | गुण: गुरु, तीक्ष्ण, स्निग्ध |
| वीर्य: ईषत उष्ण | दोषकर्म: वात शामक |
| विपाक: मधुर | |

- **प्रयोज्य अंग**: कन्द, बीज

- **Action:** Antibiotic, Antibacterial, Anticoagulant, Anti-Inflammatory, Antiasthmatic, Expectorant, Carminative, Antispasmodic.
- **उपयोग**: कास, प्रतिश्याय
- **विशिष्ट उपयोग (Special Remedy):**
  - अपस्मार में पलांडू स्वरस का नस्य दे।
  - पलांडू स्वरस का मरिच और सैंधवलवण के साथ विपूचिका में प्रयोग करे।
  - नासागत रक्तपित्त में पलांडु स्वरस का नस्यार्थ प्रयोग करे।
  - वातव्याधि में पलांडु का प्रयोग करे।
  - पलांडु ज्वर, कास, श्वसनीशोध (Bronchitis), काली खांसी (Whooping Cough), तमकश्वास और अन्य श्वसन समस्याओं में उपयोगी हैं। प्राणवह स्त्रोतस में वायु का सुव्यवस्थित संचार के लिये यह मदद करता है।
  - तमकश्वास, प्रतिश्याय और कास में पलांडु का प्रयोग मरिच और मधु के मिश्रण के साथ करे।
  - अग्निमांध्य और अजीर्ण में पलांडु का प्रयोग करे।
- **औषधि स्वरूप**: स्वरस, चूर्ण
- **प्रमुख योग**: पलान्डु स्वरस

# 37. पलाश

- **हिन्दी नाम**: ढाक
- **संस्कृत नाम**: किंशुक, रक्तपुष्पक
- **वानस्पतिक नाम**: *Butea monosperma* Lam.kuntze
- **फॅमिली**: Leguminoseae
- **संहिता एवं अन्य ग्रंथ संदर्भ**:
  - **चरक संहिता**: अतिसार में पलाश बीज क्वाथ का क्षीर के साथ प्रयोग बताया गया है (चि.10.65-66)।
  - **सुश्रुत संहिता**: पित्ताभिष्यंद में पलाश पुष्प का रस मधु के साथ मिलकर अंजन करे (उ.10.9)। कृमि में पलाश बीज स्वरस अथवा कल्क का तंडुलोदक के साथ प्रयोग करे (उ.54.25)।
- **निघंटु संदर्भ**:
  - **भावप्रकाश निघंटु**: पलाश कषाय, कटु, तिक्त रस युक्त, अग्निदिपक, वृष्य, सारक, उष्ण, स्निग्ध एवं व्रण, ग्रहणी, कृमि को दूर करने वाला है।
  - **राज निघंटु**: पलाश कषाय, उष्ण और कृमिहर है। यह पामा, कंडु, दद्रु और त्वकरोग में उपयोगी है। पलाश पुष्प उष्ण है और कंडु तथा कुष्ठ में उपयोगी है।
  - **प्रिय निघंटु**: पलाश कृमिनाशक है।
  - **धन्वंतरि निघंटु**: पलाश कृमिनाशक, संग्राही और अग्निदीपक है। यह प्लीहा, ग्रहणी तथा वात-कफनाशक है। इसका उपयोग अग्निमांध्य, ग्रहणी, मूत्रकृच्छ्र, शोथ, व्रण, और रसायन के लिये करना चाहिये।
  - **कैयदेव निघंटु**: पलाश कषाय, तिक्त एवं कटु, स्निग्ध, उष्ण, अग्निदीपक, सारक, संधानकर और कृमि, ग्रहणी को नाश करने वाला है।
- **Phamacodynamic**

रस: कटु, तिक्त, कषाय        गुण: लघु, रुक्ष

वीर्य: उष्ण (पुष्प-शीत) दोषकर्म: कफ-वातशामक

विपाक: कटु (पुष्प-मधुर) (पुष्प-कफपित्त शामक)

- **प्रयोज्य अंग:** बीज, पत्र, पुष्प, त्वक, निर्यास
- **Action:**
  - Bark-astringent, styptic (prescribed in bleeding piles, ulcers and haemorrhages) and anthelmintic.
  - Flowers-astringent, diuretic
  - Leaves-antibacterial.
  - Stem bark-antifungal.
- **उपयोग:** कृमि, अतिसार, रक्तातिसार
- **विशेष उपयोग (Special Remedy):**
  - अतिसार में पलाशबीज क्वाथ का क्षीर के साथ प्रयोग करे।
  - पलाश बीज के क्वाथ का उपयोग अतिसार और मूत्रगत रक्तस्त्राव में दिया जाता है।
  - कृमि में पलाशबीज क्वाथ तंदुलोदक के साथ दे।
  - उदरशूल में पलाश या धान्यक मिश्री के साथ दे।
  - कास में पलाशबीज के साथ उदुम्बर फल और मरिच चूर्ण का प्रयोग करे।
- **औषधि स्वरूप:** क्वाथ, चूर्ण, निर्यास
- **प्रमुख योग:** कृमिकुठार रस, कृमिमुद्गरस

# ३८. पिप्पली

❖ **हिन्दी नाम**: पीपल

❖ **संस्कृत नाम**: मागधी, ऊषणा, कोला

❖ **वानस्पतिक नाम**: *Piper longum* Linn

❖ **फॅमिली**: Piperaceae

❖ **संहिता एवं अन्य ग्रंथ संदर्भ**:

➢ **चरक संहिता**: पिप्पली चूर्ण को घृत में भर्जित करके सैन्धवलवण मिलाकर मधु के साथ दे (चि.22)।

➢ **सुश्रुत संहिता**: पिप्पलीमूल अजाक्षीर के साथ कृमि दे (उ.54)।

➢ **वाग्भट संहिता**: कफजन्य कास में पिप्पली को तैल में भर्जित करके उसमें मिश्री मिलाकर उसका कुलथी क्वाथ के साथ प्रयोग करे (चि.2)। अतिसार में पिप्पली का सूक्ष्म चूर्ण मधु के साथ दे (चि.9)।

➢ **हारीत संहिता**: कफज्वर में पिप्पली चूर्ण का मधु के साथ प्रयोग करे।

➢ **चक्रदत्त**: वात-कफ ज्वर और प्लीहा में पिप्पली क्वाथ का सेवन करे। अम्लपित्त मेंपिप्पली चूर्ण का मधु के साथ प्रयोग बताया गया है।

➢ **वंगसेन संहिता**: परिणामशूल में पिप्पली कल्क या पिप्पली क्वाथ से सिद्ध घृत का मधु के साथ आभ्यंतर प्रयोग कर अनुपान ले लिये क्षीर का उपयोग करना चाहिये।

➢ **शारंगधर संहिता**: अजीर्ण में पिप्पली चूर्ण का गुड़ के साथ प्रयोग करे और कास, श्वास और ज्वर में पिप्पली चूर्ण और त्रिफला चूर्ण को मधु के साथ प्रयुक्त करे।

❖ **निघंटु संदर्भ**:

➢ **भावप्रकाश निघंटु**: पिप्पली अग्निदीपक, वृष्य, मधुर विपाक, रेचक है। यह श्वास, कास, कुष्ठ, ज्वर, और प्लीहा नाशक है। आद्र पिप्पली कफकारी, शीतल, गुरु, मधुर, स्निग्ध और पित्तघ्न है। मधु और पिप्पली मेंद, कफ, काम, श्वास में उपयुक्त है। वृष्य, मेधा और अग्निदीपक है। गुड़ से युक्त पिप्पली जीर्णज्वर, अग्निमांध्य, कास

श्वास, कास, अजीर्ण, अरुचि, पाण्डु और कृमि में हितकारी है।

- **राज निघंटु**: पिप्पली ज्वरघ्न, स्निग्ध, उष्ण, वृष्य और दीपनीय है। यह वात-कफ दोषहर, श्वास, कास और क्षय में उपयोगी है।
- **प्रिय निघंटु**: पिप्पली का फल और मूल दीपन और शुल प्रशमन है। वर्धमान पिप्पली रसायन है। कास और कफ-वात में उपयोगी है।
- **धन्वंतरि निघंटु**: पिप्पली रस में कटु, विपाक में मधुर, वीर्य में शीत, गुण में स्निग्ध तथा त्रिदोपशामक है। यह तृष्णा, ज्वर, कृमि, आमदोष, मस्तिष्कदौर्बल्य, अरुचि, अग्निमांध्य, कास, श्वास और रसायन में उपयोगी है।
- **कैयदेव निघंटु**: आर्द्र पिप्पली शीतल, गुरु, मधुर, स्निग्ध है। शुष्क पिप्पली लघु, कटुरस, मधुरविपाक, स्निग्ध, ईपत् उष्ण, कफ-वात नाशक, रुचिकर, रसायन और दीपन है। पाचन, हृद्द, तथा श्वास, कास, गुल्म, प्लीहा, ज्वर और उदररोग में हितकारी है।

❖ **Phamacodynamic**

| | |
|---|---|
| रस: कटु | गुण: लघु, स्निग्ध, तीक्ष्ण |
| वीर्य: अनुष्ण | दोपकर्म: कफ-वात शामक |
| विपाक: मधुर | आर्द्रफल गुरु, मधुररस, शीतवीर्य, पित्तशामक |

❖ **प्रयोज्य अंग**: फल

❖ **Action:** Anti-microbial, Hepatoprotective, Respiratory system protective

❖ **उपयोग**: पिप्पली का फल प्राणवाह स्रोतस के रोग जैसे कास, तमकश्वास और श्वसनीशोथ (Bronchitis) में उपयोगी है। यह निद्राकर, दीपन, अग्निवर्धक, क्षुधावृद्धिकर, रक्तवर्धक, पाण्डुघ्न और ज्वरघ्न है। मांसगत शुल में इसका स्थानिक लेप किया जा सकता है।

❖ **विशेष उपयोग (Special Remedy)**:

- पिप्पली चूर्ण और लवण के मिश्रण को दन्तवेष्टन शोथ और पूय होने पर मालिश करे।
- स्थानिक शूल होने पर पिप्पली चूर्ण को तिल तैल में भर्जित करके लगाये। दन्त शूल में पिप्पली चूर्ण के क्वाथ का गंडुप करे।
- कास में पिप्पली चूर्ण कृष्णजीरक के साथ सैन्धव लवण मिलकर दे।
- त्वकरोग (विचर्चिका और पामा) में पिप्पली चूर्ण घृत का स्थानिक

लेप करे।

- अग्निमांद्य में पिप्पली चूर्ण का गुड़ या नींबू स्वरस के साथ प्रयोग करे।
- विषमज्वर में पिप्पली चूर्ण, लवंग चूर्ण और रसोन का मिश्रण दे।
- अतिसार में पिप्पली चूर्ण का तक्र के साथ प्रयोग करे।
- तमकश्वास में त्रिकटु (समान मात्र में पिप्पली चूर्ण, मरिच चूर्ण और शुण्ठी चूर्ण का मिश्रण) का मधु के साथ प्रयोग किया जाता है।
- प्रतिश्याय में पिप्पली चूर्ण के साथ मरिच, शुण्ठी, लवंग और तुलसी पत्र का मिश्रण दे।

❖ **औषधि स्वरूप**: चूर्ण, आसव

❖ **प्रमुख योग**: आनंदभैरव रस, दंतोंद्भेदगदान्तक रस, चंद्रप्रभावटी

# ३९. पुनर्नवा

- **हिन्दी नाम**: गहदपुरना
- **संस्कृत नाम**: शोथघ्नी
- **वानस्पतिक नाम**: *Boerhavia diffusa* Linn.
- **फॅमिली**: Nyctaginaceae
- **संहिता एवं अन्य ग्रंथ संदर्भ**:
  - **चरक संहिता**: कुष्ठ में पुनर्नवा मूल को दही के मण्ड के साथ प्रयोग करे (चि.7)।
  - **सुश्रुत संहिता**: शोथ में पुनर्नवा मूल का क्वाथ शुण्ठी के साथ दे (चि.23)। तथा पुनर्नवा मूल को क्षीरपाक विधि से सिद्ध कर उसका प्रयोग ज्वर में करे (उ.39)।
  - **वाग्भट संहिता**: पुनर्नवा मूल का क्षीर के साथ रसायन हेतु प्रयोग करे।
  - **चक्रदत्त**: पुनर्नवा क्वाथ या कल्क से सिद्ध घृत का शोथ में आभ्यंतर सेवनार्थ प्रयोग बताया गया है।
  - **हारीत संहिता**: पुनर्नवामूल क्वाथ को निद्राकारक बताया गया है।
  - **वंगसेन संहिता**: चातुर्थिक ज्वर में श्वेतपुनर्नवा के मूल का चूर्ण क्षीर के साथ देने का विधान है।
- **निघंटु संदर्भ**:
  - **भावप्रकाश निघंटु**: रक्त पुनर्नवा तिक्त रस युक्त, कटु विपाक, शीतल, लघु, मलसंग्राही एवं कफ, पित्त और रक्तविकार को दूर करने वाली है। श्वेत पुनर्नवा कटु तथा कषाय रस युक्त पाण्डुरोग नाशक, अत्यंत अग्निदीपक एवं शोथ, वायु, कफ और उदररोग में उपयोगी है।
  - **राज निघंटु**: श्वेत पुनर्नवा उष्ण, तिक्त और कफ हर है। यह कास, हृद्रोग, शुल, रक्तविकार और पाण्डु को नष्ट करती है। रक्तपुनर्नवा तिक्त, सारक, शोफघ्न और पाण्डुघ्न है।
  - **प्रिय निघंटु**: पुनर्नवा पाण्डु, कामला, हृद्रोग और मूत्रकृच्छ्र आदि

रोगों को नष्ट करती है।

- **धन्वंतरि निघंटु**: पुनर्नवा वीर्य में उष्ण, रस में तिक्त, रुक्ष और कफनाशक है। यह शोफ, पाण्डु, हृद्रोग, कास, मूत्रकृच्छ्र और वृक्कविकार को नष्ट करती है।
- **कैयदेव निघंटु**: पुनर्नवा मधुर, तिक्त कषाय एवं कटुरसयुक्त, क्षारीय, उष्णवीर्य, अग्निदीपक, रुक्ष, शोथ-वातकफ नाशक, हृदय हितकर और रुचिकर है। यह पाण्डु और उदर रोग में उपयोगी है।

❖ **Phamacodynamic**

| | |
|---|---|
| रस: मधु, तिक्त, कषाय | गुण: लघु, रुक्ष |
| वीर्य: उष्ण | दोषकर्म: त्रिदोषशामक |
| विपाक: मधुर | |

❖ **प्रयोज्य अंग**: मूल, बीज, पंचांग

❖ **Action:** Diuretic, Anti-Inflammatory, Spasmolytic, Antibacterial. Root- Anticonvulsant, Expectorant, Laxative, Diuretic

❖ **उपयोग**: पुनर्नवा का उपयोग मूत्रगतरोग जैसे वृक्कशोथ (Inflammatory Renal Diseases) और वृक्कविकार (Nephrotic Syndrome) में किया जाता है।

❖ **विशेष उपयोग (Special Remedy):**

- पाण्डु में पुनर्नवामंडूर और पुनर्नवाष्टक क्वाथ का उपयोग करे।
- शोथ में पुनर्नवा कल्क, शुण्ठी और मुस्ता के साथ अथवा क्षीर के साथ प्रयोग करे।
- नेत्ररोग में पुनर्नवा का प्रयोग किया जाता है।
- रसायन के लिये पुनर्नवा का क्षीर के साथ प्रयोग किया जाता है।
- मूत्ररोग में पुनर्नवा का विशेष प्रयोग किया जाता है।
- पुनर्नवा क्षुधा में वृद्धि, उदरशूल को कम करने और आम के पचन में मदद करता है।
- पुनर्नवा कफ के को कम कर कास और तमकश्वास में लाभप्रद होता है।
- कामला जैसे यकृतरोग में पुनर्नवा का प्रयोग किया जाता है।

❖ **औषधि स्वरूप**: चूर्ण, क्वाथ, स्वरस

* **प्रमुख योग**: रास्नासप्तक क्वाथ, पुनर्नवाष्टकक्वाथ, पुनर्नवादिमंडूर, पुनर्नवासव

# 40. पुष्करमूल

- **हिन्दी नाम**: पोहकरमूल
- **संस्कृत नाम**: पद्मपत्र, काश्मीर, कुष्ठभेद
- **वानस्पतिक नाम**: *Inula racemosa* Hook. f
- **फॅमिली**: Compositae
- **निघंटु संदर्भ**:
  - **भावप्रकाश निघंटु**: पुष्करमूल कटु-तिक्त रस, वात-कफ ज्वर शोथ, अरुचि, श्वास और पार्श्वपीड़ा में उपयुक्त है।
  - **राज निघंटु**: पुष्करमूल कटु, तिक्त, कफ-वातहर, ज्वरघ्न और उष्ण है। यह श्वास, अरोचक, काम और पाण्डु नाशक है।
  - **प्रिय निघंटु**: पुष्करमूल कटु-तिक्त, उष्ण और मादक है। यह हृद्रोग, कास, श्वास और पार्श्वशूल में उपयुक्त है।
  - **धन्वंतरि निघंटु**: पुष्करमूल कटु-तिक्त रस, उष्णवीर्य और कफ-वात शामक है। यह ज्वर, कास, श्वास, अरुचि, शोफ, आध्मान और हिक्का में उपयुक्त है।
  - **कैयदेव निघंटु**: पुष्करमूल कटु-तिक्त रस, उष्णवीर्य और कफ-वात शामक है। यह कास, श्वास, हिक्का, शोफ, ज्वर और पार्श्वपीड़ा में उपयुक्त है।
- **Phamacodynamic**

  रस: तिक्त, कटु — गुण: लघु, तीक्ष्ण
  वीर्य: उष्ण — दोषकर्म: कफ-वात शामक
  विपाक: कटु

- **प्रयोज्य अंग**: मूल
- **Action:** Antispasmodic, Stomachic, Antihistaminic, Expectorant and Anticatarrhal.
- **उपयोग**: पुष्करमूल का उपयोग तमकश्वास, जीर्ण श्वसनीशोथ (Bronchitis) और प्राणवहस्त्रोतस व्याधि में किया जाता है।
- **विशेष उपयोग (Special Remedy):**

- दशमूल क्वाथ के साथ पुष्करमूल चूर्ण का तमकश्वास में प्रयोग किया जाता है।
- हृत्शुल में पुष्करमूल क्वाथ का प्रयोग लाभप्रद होता है।

❖ **औषधि स्वरूप**: चूर्ण, स्वरस

❖ **प्रमुख योग**: अष्टांगावलेह

# 41. बिभीतकी

- ❖ **हिन्दी नाम**: बहेड़ा
- ❖ **संस्कृत नाम**: कर्षफल, अक्ष
- ❖ **वानस्पतिक नाम:** *Terminalia bellirica* Roxb
- ❖ **फॅमिली:** Combretaceae
- ❖ **संहिता एवं अन्य ग्रंथ संदर्भ**:
  - ➢ **चरक संहिता**: ग्रंथिविसर्प में बिभीतकी फल का कल्क रोगयुक्त भाग पर लगाने का निर्देश दिया गया है (चि.11)।
  - ➢ **वाग्भट संहिता**: श्वास और कास में बिभीतकी चूर्ण का मधु क साथ प्रयोग बताया गया है।
  - ➢ **वंगसेन संहिता**: अतिसार में बिभीतकी फल मशी का सूक्ष्मचूर्ण सैन्धव जल के साथ दे।
- ❖ **निघंटु संदर्भ**:
  - ➢ **भावप्रकाश निघंटु**: बिभीतकी वीर्य में उष्ण, कषाय, मधुर विपाक एवं कफ-पित्त नाशक, शीतस्पर्श, मलभेदक, कासघ्न, रुक्ष, कृमिघ्न, नेत्रहितकर और केश्य है। बिभीतकी मज्जा तृष्णा, छर्दी, कफ-वात हर, लघु पाकी और कषाय रस युक्त है।
  - ➢ **राज निघंटु**: बिभीतकी कटु, तिक्त, कषाय, उष्ण, विपाक में मधुर, लघु और कफघ्न है। यह नेत्ररोग (चक्षुष्य) और पलित रोग में उपयुक्त है।
  - ➢ **प्रिय निघंटु**: बिभीतकी कषाय, उष्णवीर्य और कफ-वातशामक तथा कास में उपयुक्त है।
  - ➢ **धन्वंतरि निघंटु**: बिभीतकी विपाक में कटु, गुण में लघु है। यह स्वरभेद, कास, श्वास, प्रतिश्याय, नेत्ररोग, रक्तष्ठिवन, आध्मान, तृष्णा एवं त्रिदोष व्याधियों में उपयोगी है।
  - ➢ **कैयदेव निघंटु**: बिभीतकी वीर्य में उष्ण, कषाय, मधुर विपाक एवं पित्त-कफ नाशक है। यह कृमि, स्वरभेद को दूर करने वाला है। बिभीतकी नेत्रहितकर, मलभेदक, रुक्ष, लघु और कास नाशक है।

- **Phamacodynamic**

  रस: कषाय　　　　　　गुण: रुक्ष, लघु
  
  वीर्य: उष्ण　　　　　　दोषकर्म: त्रिदोषशामक
  
  विपाक: मधुर

- **प्रयोज्य अंग**: फल

- **Action:** Fruit-purgative when half-ripe, astringent when ripe; antipyretic.

- **उपयोग**: बिभीतकी का उपयोग अतिसार, अजीर्ण, कास, प्राणवह स्रोतस विकार, श्वसनीशोथ (Bronchitis), Tropical Pulmonary Eosinophilia और Allergic Eruptions में किया जा सकता है। *Ayurvedic Pharmacopoeia of India* के अनुसार बिभीतकी चूर्ण का उपयोग कृमि और छर्दी में किया जाता है।

- **विशेष उपयोग (Special Remedy)**:
  - अतिसार में भर्जित बिभीतकी फल का लवण के साथ प्रयोग किया जाता है।
  - ग्रंथिविसर्प में बिभीतकी त्वक कल्क का स्थानिक प्रयोग करे।
  - शोथ में बिभीतकी कल्क का स्थानिक उपयोग करे।
  - तमकश्वास और सभी प्रकार के कास में बिभीतकी चूर्ण का प्रयोग करे।

- **औषधि स्वरूप**: चूर्ण

- **प्रमुख योग**: त्रिफला चूर्ण, चंद्रप्रभावटी, लवंगादिवटी

# 42. बिल्व

- **हिन्दी नाम**: बेल
- **संस्कृत नाम**: शैलुष, श्रीफल, मालूर
- **वानस्पतिक नाम**: *Aegle marmelos* (L).corr.ex Roxb.
- **फॅमिली**: Rutaceae
- **संहिता एवं अन्य ग्रंथ संदर्भ**:
  - **चरक संहिता**: प्रवाहिका में बाल बिल्व मज्जा को तिल के कल्क साथ दहि की मलाई या घृत के साथ दे (चि.10)।
  - **सुश्रुत संहिता**: स्कन्धग्रहप्रतिषेध से पीड़ित बालक के गले में बिल्वकंटक की माला पहनाने का वर्णन है (उ.28)। साथ ही पित्तातिसार और रक्तातिसार में अपक्क बिल्व मज्जा का यष्टिमधु, मधु और मिश्री के साथ तंडुलोदक के अनुपान के साथ प्रयोग बताया गया है (चि. 40)।
  - **चक्रदत्त**: ग्रहणी में बाल बिल्व मज्जा चूर्ण और शुण्ठी समभाग लेकर तक्र के साथ दे। छर्दी में बिल्वमूल क्वाथ मधु के साथ दे। बाधिर्य में बिल्वपत्र स्वरस को गोमूत्र में पीसकर तैल सिद्ध करे और उस तैल का कर्ण पूरणार्थ प्रयोग करे।
  - **वंगसेन संहिता**: बालकों की छर्दी और अतिसार में बिल्वमूल क्वाथ में लाजा और मिश्री के साथ प्रयोग करे।
- **निघंटु संदर्भ**:
  - **भावप्रकाश निघंटु**: बिल्व कषाय एवं तिक्त रस, ग्राही, रुक्ष, अग्निवर्धक एवं कफ नाशक, बलकारक, लघु और उष्णवीर्य है।
  - **राज निघंटु**: बिल्व मधुर, हृद, कषाय, पित्ताजित, रुचिकर, दीपन और गुरु है। यह कफ रोग, ज्वर और अतिसार में उपयोगी है।
  - **प्रिय निघंटु**: बिल्वत्वक उष्णवीर्य और वातशामक है। बिल्व का कच्चा फल कषाय-तिक्त, दीपन और ग्राही है। पक्क फल मधुर, गुरु, है।
  - **धन्वंतरि निघंटु**: बिल्व का मूल त्रिदोषनाशक, छर्दीनाशक, रस में

मधुर और गुण में लघु होता है। बिल्व का कच्चा फल गुण में स्निग्ध, संग्राही, दीपन, रस में कटु, तिक्त, कषाय, वीर्य में उष्ण, तीक्ष्णएवं वात-कफ नाशक है। बिल्व का पका फल मधुर अनुरस, गुण में गुरु और विदाही है। बिल्व दीपन है, प्रवाहिका और शोथ में उपयोगी है।

➤ **कैयदेव निघंटु**: बिल्व कषाय एवं तिक्त, ग्राही, रुक्ष, अग्निवर्धक एवं वात-कफ नाशक है। बिल्वपत्र वातहर और संग्राही है। बिल्वमूल मधुर, लघु, त्रिदोषहर है तथा छर्दी, मूत्रकृच्छ्र एवं शुल को नष्ट करता है। बाल बिल्व की फल मज्जा कफ-वात शामक, आमपाचक, शूलहर तथा ग्राही है। बिल्वकाण्ड कासहर, हृद, रुचिवर्धक तथा दीपन है। बिल्व बाल फल कटु, कषाय एवं तिक्तरस, उष्णवीर्य, दीपन, पाचन, स्निग्ध, लघु, ग्राही, हृद और कफ-वात नाशक है।

❖ **Phamacodynamic**

| | |
|---|---|
| रस: कषाय, तिक्त | गुण: लघु, रुक्ष |
| वीर्य: उष्ण | दोषकर्म: कफ-वात शामक |
| विपाक: कटु | |

❖ **प्रयोज्य अंग**: मूल, पत्र, फल, त्वक

❖ **Action:** Stomachic, Antimicrobial, Antidiarrhoeal, Digestive, Astringent, Spasmolytic

❖ **उपयोग**: विल्व का उपयोग अतिसार, बृहदांत्रशोथ (Colitis), प्रवाहिका और आतंरिक संक्रमण में किया जाता है।

❖ **विशेष उपयोग (Special Remedy):**

- पक्व बिल्व फल मिश्री और मधु के साथ राजयक्ष्मा में प्रयोग करे।
- अग्निमांध्य में बिल्व पत्र चूर्ण का प्रयोग करे।
- आंत्रगत कृमि में बिल्व फल चूर्ण दे।
- विबन्ध और अजीर्ण में पक्वबिल्व और गुड का प्रयोग करे।
- Irritable Bowel Syndrome में सुकोष्ण जल के साथ बिल्वफल चूर्ण दे।
- जीर्ण अतिसार में बालकों को कच्चा बिल्वा फल का चूर्ण सुकोष्ण जलके साथ दे।
- कामला में मरिच चूर्ण के साथ बिल्वपत्र का तक्र के साथ प्रयोग

करे।

- तमकश्वास में मरिच चूर्ण के साथ बिल्वपत्र का सुकोष्ण जल के साथ प्रयोग करे।
- छर्दी में बिल्वक्वाथ गुडूची और मधु के साथ प्रयुक्त करे।
- वालकों में क्षुधा वृद्धि के लिये बिल्वफल, एला और मिश्री के साथ चावल बनाये।
- प्रतिश्याय में तिल तैल को मरिच कृष्ण जीरक और बिल्वपत्र स्वरस के साथ गरम करे और उससे शिरोभ्यंग करे।

❖ **औषधि स्वरूप**: चूर्ण, स्वरस, क्वाथ, पानक

❖ **प्रमुख योग**: बृहत गंगाधरचूर्ण

# 43. ब्राह्मी

- **हिन्दी नाम**: बरमी
- **संस्कृत नाम**: ऐन्द्री
- **वानस्पतिक नाम**: *Bacopa monnieri* Linn.
- **फॅमिली**: Scophulariaceae
- **निघंटु संदर्भ**:
  - **भावप्रकाश निघंटु**: ब्राह्मी तिक्त, कषाय और मधुर रस, शीतवीर्य, मेधा हितकर, स्मरण शक्ति वर्धक एवं कुष्ठ, पाण्डु, रक्तविकार, कास, शोथ और ज्वर में उपयोगी है।
  - **राज निघंटु**: ब्राह्मी तिक्त, कषाय और शीत है। ब्राह्मी बुद्धि, मेधा, प्रज्ञा और आयुष्य वर्धक है।
  - **प्रिय निघंटु**: ऐन्द्री चर्मरोग एवं उन्माद में उपयुक्त है।
  - **धन्वंतरि निघंटु**: ब्राह्मी वीर्य में शीत, तथा रस में तिक्त है। यह शोथ, पाण्डु, ज्वर, कुष्ठ और प्लीहारोग को दूर करती है।
- **Phamacodynamic**

| | |
|---|---|
| रस: तिक्त | गुण: स्निग्ध, पिच्छिल |
| वीर्य: शीत | दोषकर्म: कफ-वात शामक |
| विपाक: मधुर | प्रभाव: मेध्य |

- **प्रयोज्य अंग**: पंचांग
- **Action:** Adaptogenic, Astringent, Diuretic, Sedative, Potent Nervine tonic, Anti-Anxiety Agent (Improves mental Functions, Used In Insanity, Epilepsy), Antispasmodic
- **उपयोग**: ब्राह्मी मानसदोषहर और स्मृर्तिवर्धक है। इसका उपयोग श्वसनीशोथ (Bronchitis), तमकश्वास और अतिसार में कर सकते है।
- **विशेष उपयोग (Special Remedy)**:
  - मस्तिष्क स्मृतिवर्धन के लिये खाली पेट पर ब्राह्मी पत्र का सेवन करे।
  - मधु के साथ ब्राह्मी के पत्तों का स्वरस मानसिक विकार में प्रयोग करे।

- ब्राह्मी पत्र को रात में भिगोकर सुबह बादाम, मिश्री और क्षीर के साथ लेने से बल को बढ़ती है, स्वास्थवर्धक है और शरीर को शीतलता प्रदान करती है।
- नाड़ीतंत्र के बल के लिये, बुद्धि के विकास लिये, यकृतविकार और कृमि में ब्राह्मी उपयोगी है।
- ब्राह्मी का उपयोग यकृत, फुफ्फुस और वृक्क के विकार में किया जाता है।
- अपस्मार में ब्राह्मी स्वरस का नस्य के रूप में प्रयोग किया जाता है।
- उन्माद में ब्राह्मी स्वरस और क्षीर का प्रयोग किया जाता है।
- धातुक्षय में ब्राह्मी स्वरस प्रयोग किया जाता है।

❖ **औषधि स्वरूप**: चूर्ण, स्वरस

❖ **प्रमुख योग**: स्मृतिसागर रस (भावना द्रव्य), सारस्वतारिष्ट

# 44. भूम्यामलकि

- **हिन्दी नाम**: भुई आँवला
- **संस्कृत नाम**: भूधात्री, बहुपत्रा
- **वानस्पतिक नाम**: *Phyllanthus urinaria* Linn
- **फॅमिली**: Euphorbiaceae
- **संहिता एवं अन्य ग्रंथ संदर्भ**:
  - **चरक संहिता**: हिक्का और श्वास भूम्यामलकि के मूल को जल में घिसकर उसमें मिश्री डालकर पिलाना चाहिये (चि.21/)।
- **निघंटु संदर्भ**:
  - **भावप्रकाश निघंटु**: भूम्यामलकि तिक्त, कषाय एवं मधुर रसयुक्त, शीतवीर्य एवं तृष्णा, कास, पित्त, रक्तदोष, कफ, कंडु और क्षत में उपयोगी है।
  - **राज निघंटु**: भूम्यामलकि कषाय, अम्ल, पित्त और मेह विनाशिनी है। यह मूत्रवेदना शामक और दाह शामक है।
  - **प्रिय निघंटु**: भूम्यामलकि तिक्त-कषाय, शीतवीर्य और कफ-पित्तरोग, पाण्डु और कामला में उपयुक्त है।
  - **धन्वंतरि निघंटु**: भूम्यामलकि मधुर-तिक्त रस, शीतवीर्य और कफ-पित्तरोग नाशक है। रक्तविकार, नेत्ररोग, दाह, अरुचि, अग्निमांध्य, श्वास-कास और मूत्रकृच्छ्र में उपयुक्त है।
  - **कैयदेव निघंटु**: भूम्यामलकि शीतवीर्य, तिक्त, कषाय एवं मधुर-रस, लघु एवं रोचक है। यह पाण्डु, पित्त, रक्तविकार, कुष्ठ, श्वास, तृष्णा, दाह, हिक्का, कास, क्षत और क्षय को दूर करती है।

❖ **Phamacodynamic**

रस: तिक्त, कषाय, मधुर	गुण: लघु, रुक्ष
वीर्य: शीत	दोषकर्म: कफ-पित्तशामक
विपाक: मधुर

❖ **प्रयोज्य अंग:** पंचांग

❖ **Action:** Hepatic Disease, Oedema, Dropsical Conditionand Urinary Troubles.

❖ **उपयोग:** कामला

❖ **विशेष उपयोग (Special Remedy):**

- भूम्यामलकि अंतर्दाह (Hyperacidity), शोथ और प्रवाहिका में प्रभावी है।
- भूम्यामलकि का बाह्य प्रयोग उष्णता, शोथ और कंडु में किया जाता है।
- रोगप्रतिकारक शक्ति बढ़ाने के लिये भूम्यामलकि का प्रयोग करे।
- भूम्यामलकि रक्तप्रवाह में पाए जाने वाले हेपेटाइटिस बी वायरस की मात्रा को कम करने में मदद करता है।
- भूम्यामल कि के बीज का उपयोग व्रण, पामा (Scabies), यकृत रोग (Fatty Liver) और कृमि की चिकित्सा में उपयोग किया जाता है।
- यकृत और प्लीहा रोग के लिये यह एक महत्वपूर्ण औषधि है।
- भूम्यामलकि के पत्र का उदरशूल नाशनार्थ प्रयोग किया जाता है।
- कामला में भूम्यामलकि को क्षीर के साथ प्रयोग करे।

❖ **औषधि स्वरूप:** स्वरस, चूर्ण

❖ **प्रमुख योग:** भूम्यामलकिचूर्ण, भूम्यामलक्यादी तैल

# 45. मखाना

- **हिन्दी नाम**: मखाना
- **संस्कृत नाम**: पद्मबीजाभ, पानीयफल
- **वानस्पतिक नाम**: *Euryale ferox* Salisb
- **फॅमिली**: Nymphaeace
- **निघंटु संदर्भ**
  - **भावप्रकाश निघंटु**: मखाना के गुण कमलगट्टा की तरह है। (भा.नि.पृष्ठ.क्र.578) यह स्वादिष्ट, कषाय तथा तिक्तरस, शीतल, गुरु, वृष्य, रुक्ष, गर्भस्थापक, बलदायक, ग्राही एवं पित्त, रक्तविकार और दाह में उपयोगी है।
  - **राज निघंटु**: राज निघंटु में पद्मबीज वर्णित है। पद्मबीज कटु, मधुर, पित्त-छर्दीघ्न है। यह दाहघ्न, पाचन और रुचिकर है।
  - **प्रिय निघंटु**: मखाना मधुर, शीतवीर्य, स्निग्ध, वात-पित्तशामक, वृष्य, गर्भस्थापक और दाहशामक है।
  - **धन्वंतरि निघंटु**: पद्मबीज रस में मधुर-तिक्त, उत्तम गर्भस्थापक और रक्त-पित्त शामक है।
  - **कैयदेव निघंटु**: कैयदेव निघंटु में मखाना पद्मबीज से वर्णित है। यह शीतवीर्य, तिक्त, कषाय एवं मधुर रस, गुरु, बलकारक, ग्राही, दाहशामक, लेखन करने वाला और परम गर्भस्थापक है।
- **Phamacodynamic**

| | |
|---|---|
| रस: मधुर | गुण: गुरु, स्निग्ध |
| वीर्य: शीत | दोषकर्म: वात-पित्तशामक |
| विपाक: मधुर | |

- **प्रयोज्य अंग**: फल
- **Action:** Seed-deobstruent, astringent, nervine tonic.
- **उपयोग**: गर्भस्थापक, प्लीहारोग, निद्रानाश
- **विशेष उपयोग (Special Remedy):**
  - Nutritional supliment

- अतिसार में मखाना चूर्ण का प्रयोग करे।
- मखाना में फाइबर बहुत अधिक है जो शरीर चयापचय के लिये अच्छा है।
- मखाना रक्तसंचार के लिये वृक्क को बलदेने का कार्य करता है।
- मखाना फाइबर में बहुत अधिक होने से स्थौल्य में लाभकारी है।

❖ **औषधि स्वरूप**: चूर्ण, मोदक

❖ **प्रमुख योग**: पौष्टिक चूर्ण

# 46. मरिच

- **हिन्दी नाम**: काली मिर्च
- **संस्कृत नाम**: वेल्लज, कृष्ण, ऊपण,
- **वानस्पतिक नाम:** *Piper nigrum* Linn
- **फॅमिली:** Piperaceae
- **संहिता एवं अन्य ग्रंथ संदर्भ**
  - **चरक संहिता**: मरिच चूर्ण मधु, घृत और मिश्री के साथ सर्व प्रकार के कास में दे (चि.22)।
  - **सुश्रुत संहिता**: अपतानक में अभुक्त अवस्था में मरिच चूर्ण वचा और दही के साथ दे (चि.5)।
  - **वाग्भट संहिता**: अतिसार में मरिच का सूक्ष्म चूर्ण जल के साथ दे (चि.9)।
  - **वंगसेन संहिता**: बालकों के शोथ में मरिच चूर्ण नवनीत के साथ दे।
  - **हारीत संहिता**: सर्व प्रकार के प्रतिश्याय में मरिच चूर्ण, दही और गुड का मिश्रण खिलाना चाहिये।
- **निघंटु संदर्भ**:
  - **भावप्रकाश निघंटु**: मरीच कटुरस तीक्ष्ण, अग्निदिपक, कफ-वातशामक, उष्णवीर्य और रुक्ष है। यह श्वास, शुल और कृमि रोग में प्रयुक्त है। अपक्क मरिच पाक में मधुर, किंचित् उष्णवीर्य, कटुरस युक्त, गुरु, किंचित् तीक्ष्ण और कफघ्न है।
  - **राज निघंटु**: मरिच कटु, तिक्त और उष्ण है। यह कफहर, अरुचि और कृमिघ्न है।
  - **प्रिय निघंटु**: मरीच तीक्ष्ण, उष्ण, प्रमाथि, छेदन, कफ-वातशामक, दीपन और ग्राही है।
  - **धन्वंतरि निघंटु**: मरीच रस में कटु-तिक्त, उष्णवीर्य, कृमिघ्न और वातशामक है। यह अग्निमांध्य, कफविकार और ज्वर में लाभकर है।
  - **कैयदेव निघंटु**: आर्द्र मरीच किंचित् उष्ण, मधुरविपाक,

कफनि:सारक, कटु किंचित् तीक्ष्ण और गुरु है। शुष्क मरिच कटुरस, उष्णवीर्य, लघु, अग्निदीपक, रुचिकर, तीक्ष्ण, रुक्ष, वातकफशामक, कृमिहर, श्वास, शूल, छर्दी और शोषघ्न है।

❖ **Phamacodynamic**

| | |
|---|---|
| रस: कटु | गुण: लघु, तीक्ष्ण |
| वीर्य: उष्ण | दोषकर्म: वात-कफशामक |
| विपाक: कटु | |

❖ **प्रयोज्य अंग**: फल

❖ **Action:** Stimulant, Carminative, Diuretic, Anticholerin, Bechic, Antiasthmatic.

❖ **उपयोग**: मरिच का उपयोग ज्वर, अजीर्ण, उदरगत वायु और मंदाग्नि किया जाता है।

❖ **विशेष उपयोग (Special Remedy):**

- मरिच में Antioxidant, Antibacterial आदि गुण होने से ये स्वास्थ्य को लाभकर है।
- मरिच प्रतिश्याय, अन्नवह स्त्रोतस विकार और मस्तिष्क के स्वास्थ्य में लाभकारी है।
- गल-शोथ में मरिच का गंडुप किया जा सकता है।
- स्थौल्य में मरिच का प्रयोग वजन घटाने के लिये किया जा सकता है।
- कास, प्रतिश्याय, दन्तशूल, अरुंषिका और अग्निमांध्य में मरिच प्रभावशाली कार्य करता है।
- कंडुगत त्वकरोग में मरिच का तैल उपयोगी है।
- श्वसन प्रणाली में कफ की जकड़न के लिये मरिच चूर्ण के साथ मिश्रित सुकोष्ण जल पीये।
- अपस्मार में मरिच चूर्ण के नस्य का प्रयोग करे।
- त्वकरोग, पामा और विचर्चिका मेंमरिच बीज चूर्ण सर्षप तैल के साथ स्थानिक प्रयोग करे।
- कामला (Viral Hepatitis) के लिये मरिच को आद्रक और पिप्पली के साथ प्रयोग किया जाता है
- प्रतिश्याय में मरिच चूर्ण को दूध में हरिद्रा चूर्ण के साथ उबाल लें। और सुकोष्ण क्षीर के साथ सेवन करे।

- विपूचिका (Cholera) में मरिच चूर्ण, हिंग और कर्पूर के मिश्रण का प्रयोग करे।
- प्रवाहिका में मरिच सिद्ध क्षीर का प्रयोग लाभप्रद होता है।
- उदरशुल में मरिचचूर्ण आर्द्रक स्वरस के साथ प्रयोग करे।
- स्वरभेद और हिक्का में मिश्री के साथ मरिच चूर्ण लाभप्रद होता है।
- मदांग्नि में मरिच, शुण्ठी, पिप्पली, जीरक और सैन्धवलवण का मिश्रण तयार करे और चूर्ण स्वरूप प्रयोग करे।
- शोथ में मरिच कल्क का स्थानिक लेप करे।
- जीर्णप्रतिश्याय में मरिच चूर्ण का गुड के साथ प्रयोग करे।
- तमकश्वास में मरिच चूर्ण का मधु के साथ उपयोग करे।

❖ **औषधि स्वरूप**: चूर्ण, घृत, तैल, गुटिका

❖ **प्रमुख योग**: त्रिकटु चूर्ण, अग्निकुमार रस, आनंदभैरव रस, ज्वरमुरारी रस, त्रिभुवनकीर्ति रस

# 47. मंडूकपर्णी

- ❖ **हिन्दी नाम**: बेंगसाग
- ❖ **संस्कृत नाम**: मांडुकी
- ❖ **वानस्पतिक नाम**: *Centella asiatica* (Linn.) Urban.
- ❖ **फॅमिली**: Umbelliferae
- ❖ **संहिता एवं अन्य ग्रंथ संदर्भ**:
  - ➢ **चरक संहिता**: रसायन के लिये मंडूकपर्णी का स्वरस नित्य सेवन करना चाहिये (चि.1)। शक्ति, आयुष्य, बल और आरोग्य के लिये मंडूकपर्णी का कल्क सेवन करना चाहिये (चि.16)।
  - ➢ **सुश्रुत संहिता**: मंडूकपर्णी का कल्क दूध में मिलाकर दस दिन तक सेवन करने से मनुष्य, मेधावी एवं शतायु होता है।
  - ➢ **चक्रदत्त**: मंडूकपर्णी (ब्राह्मी) स्वरस कुष्ठ और मधु के साथ उन्माद में देना चाहिये।
  - ➢ **बंगसेन संहिता**: मंडूकपर्णी का स्वरस मधु मिलाकर मसूरिका में पिलाना चाहिये।
- ❖ निघंटु संदर्भ:
  - ➢ **भावप्रकाश निघंटु**: मंडूकपर्णी रसायन, बल्य, मूत्रजनन, वय:स्थापन, मेध्य, रक्तशोधक, कुष्ठघ्न, व्रणशोधक और व्रणरोपक है। भावप्रकाश निघंटु में ब्राह्मी और मंडूकपर्णी दोनों के समान गुण लिखे है। (भा.नि.पृ.क्र.461)
  - ➢ **प्रिय निघंटु**: मंडूकपर्णी (ब्राह्मी) मेध्य, धी, धृति, स्मृति, समृद्ध प्रज्ञा और मानसदोष हर है। ब्राह्मी हृद्य सारक, तिक्त, लघु, शीतवीर्य, मेध्य और रसायन है। यह कुष्ठ, शोथ और पाण्डु में उपयुक्त है।
  - ➢ **कैयदेव निघंटु**: मंडूकपर्णी कैयदेव निघंटु ब्राह्मी के नाम से वर्णित है। यह तिक्त, कषाय एवं मधुररस, लघु, मधुरविपाक, शीतवीर्य, मेंध्य, स्वर्या, हृद्य, आयुवर्धक एवं रसायन है। यह बुद्धि और स्मृति को बढ़ाने वाली तथा कुष्ठ, कंडु, ज्वर, मल, शोफ, अरुचि,

कास, एवं रक्तविकार और पाण्डु को नष्ट करने वाली है।

❖ **Phamacodynamic**

| | |
|---|---|
| रस: तिक्त | गुण: लघु |
| वीर्य: शीत | दोषकर्म: कफ-वातशामक |
| विपाक: मधुर | |

❖ **प्रयोज्य अंग**: पंचांग

❖ **Action:** Adaptogen, Central Nervous System Relaxant, Peripheral Vasodilator, Sedative, Antibiotic, Detoxifier, Blood-Purifier, Laxative, Diuretic, Emmenagogue.

❖ **उपयोग**: मंडूकपर्णी का उपयोग स्मृति में सुधार के लिये और मानसिक भ्रम तथा तनाव को कम करने के लिये मस्तिष्क टॉनिक के रूप में किया जाता है।

❖ **विशेष उपयोग (Special Remedy):**

- निद्रानाश में मंडूकपर्णी चूर्ण गरम पानी में उबालकर इसमें मधु डालकर सोने से पहले इसे सुकोष्ण प्रयोग करे।
- मंडूकपर्णी रोगप्रतिरक्षा में सुधार और श्वेत रक्त कोशिकाएं (white blood cells) की संख्या में वृद्धि के लिये उपयोगी है।
- प्रवाहिका (Dysentery) में मंडूकपर्णी के पत्र का जीरक और मिश्री के साथ प्रयोग करे।
- नाड़ीदौर्बल्य और बुद्धिवर्धन में मंडूकपर्णी के पत्र का उपयोग करे।
- त्वकरोग और फिरंग में मंडूकपर्णी के पत्रचूर्ण का प्रयोग करे।

❖ **औषधि स्वरूप**: चूर्ण, स्वरस

❖ **प्रमुख योग**: सारस्वतारिष्ट

# 48. मंजिष्ठा

- **हिन्दी नाम**: मंजीठ
- **संस्कृत नाम**: विकसा, योजनवल्ली
- **वानस्पतिक नाम**: *Rubia cordifolia* Linn
- **फॅमिली**: Rubiaceae
- **संहिता एवं अन्य ग्रंथ संदर्भ**:
  - **चरक संहिता**: विसर्प के प्रदेहो में मंजिष्ठा, चन्दन और लोध्र का प्रयोग करे (चि. 11/75)।
  - **सुश्रुत संहिता**: मंजिष्ठामेह में मंजिष्ठा और श्वेत चन्दन का क्वाथ पिलाये (चि. अ. 11)।
  - **चक्रदत्त**: व्यंग में मंजिष्ठा चूर्ण और मधु लगाना चाहिये।
- **निघंटु संदर्भ**:
  - **भावप्रकाश निघंटु**: मंजिष्ठा रस में तिक्त एवं कषाय रस, स्वर्या, गुरु और उष्णवीर्य है। यह कफ, कर्णरोग, कुष्ठ, शोफ, रक्तदोष, विसर्प और रक्तातिसार में हितकारी है।
  - **राज निघंटु**: मंजिष्ठा मधुर, कषाय, गुरु और उष्ण है। यह व्रण, ज्वर, कफदोष रोग और नेत्ररोग में लाभकारी है।
  - **प्रिय निघंटु**: मंजिष्ठा तिक्त, कषायनुरस, उष्णवीर्य और रक्तशोधक द्रव्य है। कुष्ठ, विसर्प में उपयुक्त है।
  - **धन्वंतरि निघंटु**: मंजिष्ठा रस में मधुर कषाय, उष्णवीर्य और गुरु है। यह रक्तदोष, नेत्ररोग, कुष्ठ, विसर्प और वर्ण-विकार में हितकारी है।
  - **कैयदेव निघंटु**: मंजीष्ठा रस में मधुर कषाय एवं तिक्त, स्वर्य और उष्णवीर्य है। यह कर्ण, नेत्रविकार, कफ, शोफ, रक्तविकार, अतिसार और कुष्ठ में हितकारी है।
- **Phamacodynamic**

रस: तिक्त, कषाय, मधुर गुण: गुरु, रुक्ष

वीर्य: उष्ण    दोषकर्म: कफ–पित्तशामक

विपाक: कटु

❖ प्रयोज्य अंग: मूल

❖ **Action:** Roots and dried stem-blood purifier, astringent, diuretic, emmenagogue, deobstruent, antidysenteric, antiseptic, alterative.

❖ **उपयोग:** *Ayurvedic Pharmacopoeia of India* के अनुसार मंजिष्ठा का शुष्क काण्ड रक्तविकार, त्वकविकार, मूत्रजनन विकार (Uro-genital Disorders), प्रवाहिका, शोथ और विसर्प में उपयोगी है।

❖ **विशेष उपयोग (Special Remedy):**

- रक्तशोधन और रक्त प्रवाह को नियंत्रित करने के लिये मंजिष्ठा क्वाथ प्रयोग करे।
- दग्धव्रण में घृत के साथ मंजिष्ठा और रक्तचन्दन का लेप करे।
- मंजिष्ठा क्षुधा वृद्धिकर और पाचक है।
- कृमि में मंजिष्ठा पत्र का स्वरस उपयोगी है।
- शोथ में मंजिष्ठा मूल कल्क का लेप करे।
- कंडु में मंजिष्ठा और रक्तचन्दन का लेप करे।
- युवानपिडिका में मंजिष्ठा, हरिद्रा और रक्तचन्दन का लेप करे।
- अतिसार और रक्ततिसार में लोध्र एवं मंजिष्ठा का प्रयोग करे।

❖ **औषधि स्वरूप:** क्वाथ, चूर्ण

❖ **प्रमुख योग:** मंजिष्ठादि क्वाथ, वृहत गंगाधरचूर्ण, दशांगलेप

# 49. मुस्ता

- **हिन्दी नाम**: मोथा
- **संस्कृत नाम**: वारिद
- **वानस्पतिक नाम:** *Cyperus rotundus* Linn.
- **फॅमिली:** Cyperaceae
- **संहिता एवं अन्य ग्रंथ**:
    - **चरक संहिता**: मुस्तासंग्राहकदीपनीयपाचनीयानाम् (सु.25)।

      कफपित्त जन्य कास में मुस्ता और मरिच का क्वाथ दे (चि.23)। कफज वमन में मुस्ता और कर्कटशृंगी का चूर्ण या क्वाथ दे (चि.23)।
    - **सुश्रुत संहिता**: आमातिसार में मुस्ता क्षीरपाक शीतल करके दे। पक्वातिसार में मुस्ता को मधु के साथ प्रयोग करे।
    - **वाग्भट संहिता**: अग्निविसर्प में मुस्ता के शीतल जल से रोगयुक्त स्थान पर सिंचन करे।
    - **बंगसेन संहिता**: मुस्ता को गाय के दूध के साथ अपस्मार में प्रयोग करे।
    - **चक्रदत्त**: विसूचिका की तृष्णा में मुस्ता क्वाथ का दे।
- निघंटु संदर्भ:
    - **भावप्रकाश निघंटु**: मुस्ता रस में कटु, तिक्त एवं कषाय रस, शीतवीर्य, ग्राही, अग्निदीपक और पाचक है। यह कफ-पित्त-रक्तविकार नाशक, कृमिघ्न, ज्वर और अरुचि नाशक है।
    - **राज निघंटु**: मुस्ता तिक्त, कटु, कषाय और शीतल है। यह पित्तज्वर, अतिसार, अरुचि, तृष्णा और दाह में उपयुक्त है।
    - **प्रिय निघंटु**: मुस्ता तिक्त-कटु, ग्राही, तथा आमपाचक है। यह ज्वर, दाह, अरुचि और ग्रहणी में उपयुक्त है।
    - **धन्वंतरि निघंटु**: मुस्ता रस में तिक्त कषाय, शीतवीर्य, कृमिघ्न, कफ-रक्तविकार नाशक है। यह अरुचि, अग्निमांध्य, अजीर्ण, संग्रहणी और तृष्णा में उपयुक्त है।

- **कैयदेव निघंटु**: मुस्ता रस में तिक्त कषाय एवं कटु, शीतवीर्य, कांतिप्रद, कृमिघ्न, कफपित्तघ्न, रक्तविकार, विसर्प, कुष्ठ और कंडु नाशक है।

❖ **Phamacodynamic**

| | |
|---|---|
| रस: तिक्त, कटु, कषाय | गुण: लघु, रुक्ष्ण |
| वीर्य: शीत | दोषकर्म: कफ-पित्तशामक |
| विपाक: कटु | |

❖ **प्रयोज्य अंग**: कन्द

❖ **Action:** Carminative, Astringent, Anti-Inflammatory, Hepatoprotective, Diuretic, Antipyretic And Nerve tonic.

❖ **उपयोग**: मुस्ता का उपयोग आन्त्रगत विकार, अतिसार, प्रवाहिका, छर्दी, ज्वर और गल वेदना में किया जा सकता है। *Ayurvedic Pharmacopoeia of India* के अनुसार मुस्ता का उपयोग आमवात, शोथ, मूत्रकृच्छ्र (Dysuria), प्रसवजन्य व्याधि (Puerperal Diseases) और स्थौल्य में किया जाता है।

❖ **विशेष उपयोग (Special Remedy):**

- मधु के साथ मुस्ता मूल का क्वाथ अतिसार में उपयोगी होता है।
- प्रवाहिका में मुस्ता क्वाथ दे।
- ज्वर, कामला, कंडु, आंत्रगत विकार और यकृतविकार में मुस्ता अत्यंत लाभकारी है।
- मुस्ता का उपयोग स्तन्यवृद्धि के लिये किया जा सकता है।

❖ **औषधि स्वरूप**: चूर्ण, क्वाथ

❖ **प्रमुख योग**: बालचातुर्भद्र चूर्ण, व्याघ्रादि लेहम, रास्नादि क्वाथ, दंतोंद्भेदगदान्तक रस, बृहत गंगाधरचूर्ण

# 50. यष्टिमधु

- हिन्दी नाम: मुलेठी
- संस्कृत नाम: क्लितक
- वानस्पतिक नाम: *Glycyrrhiza glabra* Linn.
- फॅमिली: Leguminosae
- निघंटु संदर्भ:
    - **भावप्रकाश निघंटु**: यष्टिमधु मधुर, चक्षुष्य, बल्य, वर्ण्य, शीतवीर्य, गुरु, चक्षुष्य, स्वर्य, पित्त-वात-रक्त दोष शामक, शोथ, छर्दी, क्षय, तृष्णा और ग्लानि को दूर करने वाली है।
    - **राज निघंटु**: यष्टिमधु मधुर, किंचित तिक्त, शीतल, अग्निवर्धक और चक्षुष्य है। यह शोष, तृष्णा और व्रण में उपयोगी है।
    - **प्रिय निघंटु**: यष्टिमधु चक्षुष्य, वृष्य और कंठ्य औषधि में श्रेष्ठ है। यष्टिमधु कास, श्वास और नेत्ररोग में उपयुक्त है।
    - **धन्वंतरि निघंटु**: यष्टिमधु रस में मधुर, शीतवीर्य, पितघ्न, वृष्य, शोषघ्न, क्षयघ्न और छर्दीघ्न है।
    - **कैयदेव निघंटु**: यष्टिमधु मधुर, चक्षुष्य, बल्य, वर्ण्य, शीतवीर्य, गुरु, स्निग्ध, केश्य, स्वर्य, वात-पित्त, कफ शामक एवं व्रण, क्षय, तृष्णा, छर्दी, रक्तस्राव और क्षत को दूर करने वाली है।
- **Phamacodynamic**

| | |
|---|---|
| रस: मधुर | गुण: गुरु, स्निग्ध |
| वीर्य: शीत | दोषकर्म: वात-पित्तशामक |
| विपाक: मधुर | |

- **प्रयोज्य अंग**: मूल
- **Action:** Demulcent, Expectorant, Antiallergic, Anti-Inflammatory, Spasmolytic, Liver Protective, Anti-Ulcer, Laxative, Antiviral, Antifungal, Antibacterial, Antioxidant
- **उपयोग**: यष्टिमधु का उपयोग श्वसनीशोथ (Bronchitis), शुष्क कास, श्वसन संक्रमण, प्रतिश्याय, राजयक्ष्मा, उदरशुल, आमाशयिक शोथ और

मुखपाक में होता है।

❖ **विशेष उपयोग (Special Remedy):**

- तमकश्वास, शुष्ककास, श्वसनीशोथ (Bronchitis), काली खासी (Whooping Cough), गल-शोथ के लिये यष्टिमधु उत्कृष्ट औषधि है।
- तमकश्वास में यष्टिमधु चूर्ण आर्द्रक स्वरस के साथ ले सकते हैं।
- कास में मधु, दालचीनी और मुलेठी के मिश्रण का प्रयोग करे।
- धातुक्षय में यष्टिमधु चूर्ण मधु के साथ प्रयोग करे।
- यष्टिमधु फाण्ट से मुखगत व्रण और शोथ में गंडूष करे।
- यष्टिमधु के काण्ड को चबाने से गलगत रोग में लाभ प्राप्त होता है।
- विसर्प में यष्टिमधु सिद्ध किया हुआ सुकोष्ण जल का स्थानिक सिंचन करे।
- गुड और मुलेठी चूर्ण का विबन्ध में प्रयोग करे।
- कंडु के कारण होने वाली रक्तवर्णता एवं शोथ में मुलेठी का लेप करे।
- स्वरभेद में यष्टिमधु सिद्ध क्षीर लाभप्रद होता है।
- गुदगत रक्तस्राव और जलन में मुलेठी, इलायची और हरितकी के मिश्रण का मधु के साथ दिया जाता है।
- रोगप्रतिकारक शक्ति वर्धन के लिये मुलेठी का रसायन की तरह प्रयोग होता है।
- कामला, यकृतविकार एवं यकृत स्वास्थ्य के लिये यष्टिमधु क्वाथ का प्रयोग करे।
- यष्टिमधु में Flavonoids होने से यह स्थौल्य में लाभकारी है।
- हिक्का में यष्टिमधु चूर्ण का नस्य करे।

❖ **औषधि स्वरूप**: चूर्ण, क्वाथ, तैल

❖ **प्रमुख योग**: दंतोंद्भेदगदान्तक रस, कल्याणकावलेह

# 51. रसोन

- **हिन्दी नाम**: लहसुन
- **संस्कृतनाम**: उग्रगन्ध, यवनष्ट
- **वानस्पतिक नाम**: *Alumsativum* Linn
- **फॅमिली**: Liliaceae
- **संहिता एवं अन्य ग्रंथ संदर्भ**:
  - **चरक संहिता**: विषमज्वर में भोजन से पहले तैल के साथ रसोन खिलना चाहिये (चि.3)। अपस्मार में तैल के साथ रसोन खिलना चाहिये (चि.15)।
  - **सुश्रुत संहिता**: विषमज्वर में प्रात:काल घृत के साथ रसोन खिलना चाहिये (चि.39)। शोष (क्षय के कारण होने वाले) रोग में विधिपूर्वक रसोन खिलना चाहिये (उ.41)।
  - **वंगसेन संहिता**: वातव्याधि में रसोन को पीसकर घृत के साथ दे।
- निघंटु संदर्भ:
  - **भावप्रकाश निघंटु**: रसोन बृंहण, वृष्य, स्निग्ध, वीर्य में उष्ण, पाचक तथा सारक होता है। यह रस और पाक में कटु तथा मधुर होता है। बलकारक, मेधा, नेत्रहितकारी और वर्ण को बढ़ानेवाला, रसायन है। हृदयरोग, अग्निमांध्य, जीर्णज्वर, मलविबन्ध, अरुचि, कुष्ठ, कृमि, कास-श्वास में लाभकारी है।
  - **राजनिघंटु**: रसोन में अम्ल रस छोड़कर सभी पाँच रस होते है। यह गुरु, उष्ण और कफ-वातघ्न है। अग्निमांध्य, कृमि, शोथ और रसायन में उपयोगी है।
  - **प्रिय निघंटु**: रसोन अत्यंत उष्ण, तीक्ष्ण, कटु, वातनाशक और रसायन है। वातव्याधि, अग्निमांध्य और कृमिरोग में उपयुक्त है।
  - **धन्वंतरि निघंटु**: रसोन वीर्य में उष्ण, रस में कटु-मधुर, गुण में पिच्छिल, स्निग्ध और गुरु होता है। यह बलकारक, मेधा, स्वर और वर्ण को बढ़ाने वाला है, नेत्रहितकारी है। हृदयरोग, अग्निमांध्य, जीर्णज्वर, वातव्याधि, अरुचि, कुष्ठ, कृमि, कास-श्वास, स्वरभेद

और रसायन में लाभकारी है।

- **कैयदेव निघंटु**: रसोन रस में मधुर-कटु, गुण में स्निग्ध, गुरु, सारक और तीक्ष्ण, वीर्य में उष्ण होता है। यह हृद, बलकारक, धातुवर्धक, पाचक, मेधा बढ़ाने वाला, दृष्टि, केश, स्वर और अग्नि को बढ़ाने वाला है। रसोन कफ-वात नाशक, रुचिकर, कास-श्वास, कुष्ठ, ज्वर, आम, पीनस, श्वित्र, हृदयरोग और रसायन में लाभकारी है।

❖ **Phamacodynamic**

रसः पञ्चरसयुक्त (लवण रस छोड़कर)
वीर्यः उष्ण
विपाकः कटु
गुणः स्निग्ध, तीक्ष्ण, पिच्छिल, गुरु, सर
दोषकर्मः कफ-वातशामक

❖ **प्रयोज्य अंग**: कन्द, तैल

❖ **Action:** Antibiotic, bacteriostatic, fungicide, anthelmintic, antithrombic, hypocholesterolaemic, antimicrobial

❖ **उपयोग**: रसोन प्राणवह स्रोतस व्याधि और प्रतिश्याय में उपयोगी है। रसोन आहार उपायों के लिये सहायक के रूप में प्रयोग किया जाता है। *Ayurvedic Pharmacopoeia of India* के अनुसार रसोन का उपयोग जीर्णज्वर, कृमिरोग, कुष्ठ, कास, श्वास, पीनस, कर्णशूल, मेदोरोग, प्लीहा वृद्धि और विषमज्वर में करना चाहिये।

कृमिकुष्ठक्लिसघ्नोवाताघ्नोगुल्मनाशनः स्निग्धश्चोष्णश्चवृष्यश्चलसुनः कटुकोगुरु।च.सू.27

❖ **विशेष उपयोग (Special Remedy)**:

- रसोन रक्तशोधक है।
- वातव्याधि में रसोन नवनीत (मक्खन) के साथ दे।
- जीर्ण प्रतिश्याय (Sinusitis), ग्रसनीशोथ (Pharyngitis), श्वसनीशोथ (Bronchitis) में रसोन का प्रयोग करे।
- रसोन और लवंग का मधु या आर्द्रक स्वरस के साथ प्रतिश्याय एवं ज्वर में प्रयोग करे।
- अपस्मार में रसोन कल्क दे।
- यकृतविकार और अस्थिविकार में रसोन का प्रयोग किया जाता है।

- Hyperlipidemia की रसोन एक उत्कृष्ट औषधि है।
- विषमज्वर में रसोनकल्क, सैन्धवलवण एवं तिलतैल के मिश्रण के साथ दिया जाता है।
- रसोन में Antifungal और Anti-Inflammatory गुण होने से त्वकरोग जैसे किटिभ (Psoriasis) और कृमि (Ringworm) में उपयोगी है।
- रसोन सिद्ध जल बच्चों के कास में उपयोगी है।

❖ **औषधि स्वरूप:** कल्क

❖ **प्रमुखयोग:** लसुनादि वटी

# 52. लवंग

- **हिन्दी नाम**: लौंग
- **संस्कृत नाम**: देवकुसुम
- **वानस्पतिक नाम**: *Syzygium aromaticum* Linn
- **फॅमिली**: Myrtaceae
- **निघंटु संदर्भ**:
  - **भावप्रकाश निघंटु**: लवंग कटु-तिक्त, लघु, नेत्रहितकर, दीपन, पाचन, रुचिकर, शीतवीर्य और कफ-पित्तशामक है। रक्तविकार, तृष्णा, छर्दी, आध्मान, शुल, कास, श्वास, क्षय और हिक्का में उपयुक्त है।
  - **राज निघंटु**: लवंग तिक्त, शीतल, चक्षुष्य, त्रिदोषघ्न, तीक्ष्ण और शिरोरोगहर है। यह क्षय, कास और रक्तविकार में उपयुक्त है।
  - **प्रिय निघंटु**: लवंग कटु-तिक्त, शीतवीर्य एवं कफ-पित्तशामक है। यह दीपन, पाचन, स्वर्य तथा वातानुलोमक है। लवंग ज्वर, कास, श्वास, क्षय, अग्निमांध्य और अम्लपित्त में उपयुक्त है।
  - **धन्वंतरि निघंटु**: लवंग हृद्द, शीतल, पित्तघ्न, चक्षुष्य और वृष्य है। यह अरुचि, श्वास, कास, मुखरोग, दन्तशूल और दुर्गंधनाशक है।
  - **कैयदेव निघंटु**: लवंग कटु-तिक्त, रुक्ष, हृद्द, शीतवीर्य, चक्षुष्य और पाचक है। यह शूल, आनाह, कफ-पित्त-रक्त दोष रोग, तृष्णा, श्वास, कास, आध्मान और पीनस में उपयोगी है।
- **Phamacodynamic**

| | |
|---|---|
| रस: कटु | गुण: लघु, स्निग्ध |
| वीर्य: शीत | दोषकर्म: कफ-पित्तशामक |
| विपाक: कटु | |

- **प्रयोज्य अंग**: पुष्पकलिका
- **Action:** Carminative, antiinflammatory, antibacterial. Flower buds- antiemetic, stimulant, carminative.
- **उपयोग**: लवंग का उपयोग अजीर्ण, अंतर्दाह, अग्निमांध्य, और उदरशुल

में किया जाता है। दन्तशुल में लवंग तैल उपयोगी है।

- **विशेष उपयोग (Special Remedy):**
  - गलशोथ और शूल में लवंग को मुख में धारण करे।
  - प्रतिश्याय के कारण होने वाले नासास्राव में लवंग को चबना लाभप्रद होता है।
  - विसूचिका में लवंग सिद्ध जल का प्रयोग करे।
  - दन्तशूल में लवंग तैल को रुई में रखकर दन्तशुल स्थान पर रखें।
  - तमकश्वास में लौंग का तेल, मधु और रसोन का मिश्रण तैयार करे और रात में निद्रा के पूर्व लें।
  - उदरशुल में लवंग तेल का मधु के साथ प्रयोग करे।
  - प्रतिश्याय में लवंग का मधु या विल्व पत्र के साथ प्रयोग करे।
  - वालकों के कास में भर्जित लवंग को चवाने के लिये दे।
  - ज्वर में लवंग, इलायची, दालचीनी और तुलसी पत्र का क्वाथ उपयोगी होता है।
- **औषधि स्वरूप**: चूर्ण, तैल
- **प्रमुख योग**: अविपत्तिकर चूर्ण

# 53. वचा

- **हिन्दी नाम**: बच
- **संस्कृत नाम**: गोलोमी, उग्रगन्धा
- **वानस्पतिक नाम**: *Acorus calamus* Linn
- **फॅमिली**: Araceae
- **संहिता एवं अन्य ग्रंथ संदर्भ**
  - **चरक संहिता**: वचाचूर्ण मधु के साथ अपस्मार में बताया गया है (चि. 15/60)।
  - **सुश्रुत संहिता**: बुद्धि, आयु और बल की वृद्धि के लिये वचा का क्षीर के साथ रसायन स्वरूप प्रयोग करने का निर्देश है (चि. 28)। नैगमेष नामक ग्रह बाधा में वचा को कण्ठ में धारण करे।
  - **वंगसेन संहिता**: आमाजीर्ण में लवणोदक के साथ वचा चूर्ण दे। चर्मदल में वचा का लेप करे। बालकों के कच्छु और विचर्चिका में वचा, कुष्ठ और विडंग के कटुष्ण क्वाथ से स्नान कराये।
  - **हारीत संहिता**: मुखरोग में वचा दिन-रात मुख में धारण करे।
  - **चक्रदत्त**: अपस्मार में वचाचूर्ण मधु के साथ दे। वृद्धि में वचा चूर्ण एवं सर्षप के सूक्ष्म चूर्ण का लेप करे।
- **निघंटु संदर्भ**
  - **भावप्रकाश निघंटु**: वचा तिक्त कटु रस, उष्णवीर्य, वामक, अग्निजनक, आध्मान और विबन्ध को नष्ट करने वाली एवं मल और मूत्र का शोधन करने वाली है। यह अपस्मार, कफ, उन्माद, भूतबाधा, कृमि और वायु में उपयुक्त है।
  - **राज निघंटु**: वचा तीक्ष्ण, कटु, उष्ण, वामक और कफघ्न है। यह ग्रंथि, शोफ, वातज्वर, वातातिसार और उन्माद में प्रयुक्त है।
  - **प्रिय निघंटु**: वचा कटु-तिक्त, अत्यंत उष्ण, वामक, वातानुलोमक, मेध्य, कफ-पित्तशामक तथा कृमिघ्न है। यह अपस्मार, उन्माद, शूल, आध्मान और विबन्ध उपयुक्त है।

- **धन्वंतरि निघंटु**: वचा वामक, कटु-तिक्त, उष्णवीर्य और वात-कफघ्न है। कंठ्य, मेध्य, कृमिहर, हृदयरोग, विबन्ध, आध्मान और शुल को नष्ट करती है।

- **कैयदेव निघंटु**: वचा कटु-तिक्त, कटुविपाक, उष्ण, वामक, आमपाचक, अग्निदीपक, जीवनीय, मेध्य और वाणी एवं स्वर को उत्तम करने वाली है। यह अपस्मार, कृमि, उन्माद, कफ, वायु, शुल, आध्मान, मल-मूत्र का शोधन करने वाली और विबन्ध में उपयुक्त है।

❖ **Phamacodynamic**

| | |
|---|---|
| रस: कटु, तिक्त | गुण: लघु, तीक्ष्ण |
| वीर्य: उष्ण | दोषकर्म: कफ-वातशामक |
| विपाक: कटु | प्रभाव: मेध्य |

❖ **प्रयोज्य अंग**: मूल, भौमिककाण्ड

❖ **Action:** Rhizome-Nervine Tonic, Hypotensive, Tranquilizer, Sedative (with neuroleptic and antianxiety properties), Analgesic, Spasmolytic, Anticonvulsant.

❖ **उपयोग**: वचा श्वसन नलिकाऔं सम्बन्धी विकारों, प्रतिश्याय, जीर्ण अतिसार और प्रवाहिका में उपयुक्त है। *Ayurvedic Pharmacopoeia of India* के अनुसार वचा का उपयोग मस्तिष्क बल्य के रुप में स्मृति नाश, मानसिक विकार और अपस्मार (Epilepsy) में करना चाहिये।

❖ **विशेष उपयोग (Special Remedy):**

- वचा रोगप्रतिकारक शक्ति वर्धक है।
- स्मृर्तिवर्धन के लिये वचा, मधु और क्षीर का मिश्रण प्रयोग करे।
- वचा कास, गलशोथ, और स्वरभेद जैसी विभिन्न व्याधियों कि चिकित्सा के लिये बहुत उपयोगी है। वचा मूल को चूसने से गले को साफ करने में मदद मिलती है।
- वचा का नाड़ीतंत्रिकाओं पर प्रभाव है। यह स्मृति को बढ़ावा देने के और चिन्ता लिये भी उपयोगी है। इसका उपयोग स्मृति को बढ़ाने के लिये किया जाता है। वचा चूर्ण, मधु और दूध का मिश्रणस्मृति, बुद्धि और ज्ञान में सुधार करने में मदद करता है।
- वचा चूर्ण और ब्राह्मी चूर्ण को मक्खन और मिश्री के साथ लेने पर यह स्मृति और बुद्धि को तेज करता है।

- यष्टिमधु क्वाथ के साथ वचा का उपयोग ज्वर और उदर शुल में करे।
- अपस्मार में वचा लाभकारी है। वचा, ब्राह्मी रस, कुष्ठ और शंखपुष्पी के साथ पुराणघृत सिद्ध करे और अपस्मार रोगी को दे।
- वचा, कुष्ठ और विडंग का कल्क तैयार करे और उसका का स्थानिक लेप कंडु में उपयोगी है।
- लोध्र, धान्यक और वचा का कल्क युवानपिडिका में उपयोगी है।
- अजीर्ण में वचा और सैन्धव लवण उपयोगी है।
- रसायन के लिये वचा का प्रयोग क्षीर या घृत के साथ उपयोग करे।
- जीर्ण प्रतिश्याय के कारण होने वाले श्वसन क्रिया अवरोध, शिरशूल और प्रतिश्याय में वचा चूर्ण का नस्यार्थ प्रयोग करे।
- वचा तमकश्वास में प्रभावी कार्य करता है। वचा चूर्ण का क्वाथ से वमन कराये। यह कफ को निष्कासित करके मार्ग को साफ करता है और रोगी आराम महसूस करते हैं। वचा श्वसन मार्ग को साफ करता है और श्वसन प्रक्रिया की सामान्य बाधाओं को दूर करता है।

❖ **औषधि स्वरूप**: चूर्ण, तैल

❖ **प्रमुख योग**: मानसमित्रवटक, कोलकुलथ्यादिवटी, ब्राह्मीवटी, चंद्रोदयवर्ती, सारस्वत चूर्ण, कृमिकुठार रस

# 54. वासा

- **हिन्दी नाम**: अडूसा
- **संस्कृत नाम**: सिंहास्य
- **वानस्पतिक नाम**: *Athotoda vasica* Nees
- **फॅमिली**: Acanthaceae
- **संहिता एवं अन्य ग्रंथ संदर्भ**:
  - **चरक संहिता**: श्वास और कास में वासापत्र, द्राक्षा और हरीतकी का क्वाथ बनाकर मधु के साथ दे (चि.4/63) तथा कृमिकुष्ठ में वासापत्र स्वरस या क्वाथ को गोमूत्र के साथ दे अथवा लेप लगाये (चि.7/55)। क्षय में हस्त-पाद दाह में वासाघृत का प्रयोग कहा बताया गया है (चि.8/103)।
  - **सुश्रुत संहिता**: क्षय, दारुण कास, श्वास और पाण्डु में वासाघृत दे (उ.41/43)। रसायन के लिये वासामूल को तैल सिद्ध करे और नियमित सेवन करे, इससे बुद्धि, बल और आयुष्य की वृद्धि होती है (चि.28.17)।
  - **वाग्भट संहिता**: छर्दी और कास में वासापत्र स्वरस को मधु के साथ दे (सु.6/78)। मुखरोग, मुखक्षत और मुखपाक में वासापत्र स्वरस की रसक्रिया बना ले, उसमें गैरिक मिलाकर मधु से वटी बना ले और इसे मुख में धारण करे (उ.22/106)। ज्वर में वासापत्र स्वरस या वासापत्र कल्क से सिद्ध किया घृत प्रयोग करे (चि.1/93)।
  - **शारंगधर संहिता**: वासापत्र पुटपाक विधि से प्राप्त स्वरस, शीतल होने पर मधु के साथ कास, क्षय और ज्वर में ले।
  - **वंगसेन संहिता**: वासापत्र स्वरस मधु के साथ कफात्मक मसूरिका में प्रयोग करे।
  - **चक्रदत्त**: कंडू में वासा के कोमल पत्र पीसकर हरिद्रा चूर्ण और गोमूत्र के साथ मिलाकर लेप करना चाहिये।
- **निघंटु संदर्भ**
  - **भावप्रकाश निघंटु**: वासा तिक्त-कषाय रस, हृद्य, लघु, शीतवीर्य,

स्वर्या, कफ-पित्तशामक, ज्वरघ्न, क्षय और कासश्वासहर है। यह छर्दी और कुष्ठ में उपयुक्त है।

- **राज निघंटु**: वासा तिक्त, कटु, शीत और कासघ्न है। यह कामला, ज्वर, श्वास और क्षय में लाभकर है।
- **प्रिय निघंटु**: वासा तिक्त, लघु, शीत, स्वर्या, कफ-पित्तशामक, ज्वरघ्न, क्षयघ्न, वर्ण्य, कासश्वासहर है। यह क्षय, कास और कुष्ठ में उपयुक्त है।
- **धन्वंतरि निघंटु**: वासा तिक्त रस, शीतवीर्य है। यह कफ-पित्तशामक, रक्तविकार, कासघ्न, तथा क्षय, रक्तष्ठिवन, तृष्णा, श्वास और कुष्ठ में उपयुक्त है।
- **कैयदेव निघंटु**: वासा कषाय, तिक्त रस, शीतवीर्य, लघु, हृद्द तथा कंठ्य है। यह कफ-पित्त-रक्त शामक, श्वास, कास, ज्वर, अरुचि, छर्दी, क्षत-क्षय, तृष्णा और कुष्ठ में उपयुक्त है।

❖ **Phamacodynamic**

रस: तिक्त, कषाय	गुण: रुक्ष, लघु
वीर्य: शीत	दोषकर्म: कफ-पित्तशामक
विपाक: कटु

❖ **प्रयोज्य अंग**: मूल, पत्र, पुष्प

❖ **Action:** Expectorant (Antispasmodic, Febrifuge, Bronchodilatory)

❖ **उपयोग**: वासा का उपयोग तमकश्वास, रक्तपित्त, छर्दी, हृदयरोग, ज्वर, कुष्ठ, रक्तविकार, उदर्द, श्वसनलिकाओं सम्बन्धी व्याधि और प्राणवाह स्रोतस व्याधि में करना चाहिये। *Ayurvedic Pharmacopoeia of India* के अनुसार वासा श्वास कष्टता में उपयोगी है।

❖ **विशेष उपयोग (Special Remedy):**

- बालकों के कास, ज्वर और राजयक्ष्मा में वासा स्वरस मधु या गुड़ के साथ प्रयोग करे।
- पामा और कच्छू में वासापत्र कल्क का लेप करे।
- वासा नासागत रक्तस्राव, रक्त वमन आदि विकारों को शांत करने में सहायता करता है।
- वासा मूल त्वक का विषमज्वर में प्रयोग किया जाता है।

- वासास्वरस, मधु और मरिच का मिश्रण कास में दिया जाता है।
- मधु के साथ वासास्वरस ज्वर, कामला राजयक्ष्मा और श्वसनीशोथ (Bronchitis) लिये एक प्रभावी उपाय है।
- अतिसार, प्रवाहिका और मूत्रगत रक्तस्राव में वासास्वरस उपयोगी है।
- कामला जैसे यकृतविकार में वासास्वरस लाभप्रद है।

❖ **औषधि स्वरूप**: स्वरस, क्वाथ, चूर्ण

❖ **प्रमुख योग**: वासारिष्ट, वासकासव

# 55. विडंग

- **हिन्दी नाम**: बायविडंग
- **संस्कृत नाम**: चित्रतंडुल
- **वानस्पतिक नाम**: *Embelia ribes* Burm.f
- **फॅमिली**: Myrsinaceae
- **संहिता एवं अन्य ग्रंथ संदर्भ**:
  - **चरक संहिता**: विडंग श्रेष्ठ कृमिनाशक है। कुष्ठ में कृमि उत्पती हो तो पानार्थ, शोधनार्थ, धूपनार्थ, स्नान और अभ्यंग के लिये विडंग का प्रयोग करना चाहिये।
  - **सुश्रुत संहिता**: विडंग और यष्टिमधु समभाग सूक्ष्म चूर्ण शीतल जल के साथ रसायन के लिये ले।
  - **वंगसेन संहिता**: अर्धावभेद के लिये विडंग और कृष्णतिल का नस्य करे।
- **निघंटु संदर्भ**:
  - **भावप्रकाश निघंटु**: विडंग कटुरस युक्त, उष्णवीर्य, तीक्ष्ण, रुक्ष और दीपन है। यह शुल, उदर, कफ, कृमि, वातरोग, विबन्ध और आध्मान में उपयुक्त है।
  - **राज निघंटु**: विडंग कटुरस युक्त, उष्णवीर्य और कफ-वातशामक है। अग्निमांध्य, अरुचि और कृमि में विडंग उपयोगी है।
  - **प्रिय निघंटु**: विडंग कृमिघ्न, उष्णवीर्य, तीक्ष्ण, दीपन, कफ-पित्तशामक और कटु है। शुल, विबन्ध और आध्मान में उपयुक्त है।
  - **धन्वंतरि निघंटु**: विडंग गुण में रुक्ष, उष्ण वीर्य, कटु रस, ईषत तिक्त, कफ-वातशामक है। यह कृमिघ्न, वातघ्न और रक्तशोधक है।
  - **कैयदेव निघंटु**: विडंग कटु तिक्त रस, कटुविपाक, उष्ण वीर्य गुण में रुक्ष, लघु, अग्निदीपक, रुचिकर, कृमिघ्न और कफ-वातशामक है। यह विष्टम्भ, आध्मान, आम, मेद और उदररोग को दूर करता है।

❖ **Phamacodynamic**

| | |
|---|---|
| रस: कटु, कषाय | गुण: लघु, रुक्ष, तीक्ष्ण |
| वीर्य: उष्ण | दोषकर्म: कफ-वातशामक |
| विपाक: कटु | प्रभाव: कृमिघ्न |

❖ **प्रयोज्य अंग**: फल

❖ **Action:** Ascaricidal, anthelmintic, carminative, diuretic, astringent, anti-inflammatory, antibacterial, febrifuge. Root -antidiarrhoeal

❖ **उपयोग**: विडंग रक्तदोष शोधक और कास, पाण्डु, मूत्रगतरोग, अतिसार और यकृत रोग में उपयोगी है।

❖ **विशेष उपयोग (Special Remedy):**

- विडंग का आमाशय गत कृमि, त्वक रोग, कुष्ठ, नाड़ी दौर्बल्य, अजीर्ण, कामला, आध्यान, उदरशूल, विबन्ध, तमकश्वास, श्वसनीशोथ (Bronchitis), कृमिदन्त, श्वासकष्टता, कृमि, ज्वर और दौर्वल्य इ. व्याधि उपयोग करना चाहिये।
- कृमि की चिकित्सा के लिये विडंग प्रभावशाली औषधि है। मुख्यता यह Tapeworm में विशेषकर उपयोगी है। साथ में रेचक कर्म करने से कृमि को बाहर निकलने का कार्य करती है।
- विडंग पाचन तंत्र को सुदृढ़ करने के माध्यम से चयापचय के संवर्द्धन से अग्निमांध्य में उपयोगी है।
- मुखदुर्गंध, मुखपाक और दंत क्षय में विडंग लाभकारी है।
- स्थौल्य रोगी में शरीर की वसा के चयापचय को वढ़ाता है, विडंग पाचन में सुधार करने में मदद करता है और वसा शरीर से हटाने में मदद करता हैं।

❖ **औषधि स्वरूप**: चूर्ण, तैल

❖ **प्रमुख योग**: कृमिकुठार रस, कृमिमुद्गररस, दंतोंद्भेदगदान्तक रस, चंद्रप्रभावटी

# 56. शतावरी

- **हिन्दी नाम**: सतावर
- **संस्कृत नाम**: बहुसुता, अतिरसा
- **वानस्पतिक नाम:** *Asparagus racemosus* wild
- **फॅमिली:** Liliaceae
- **संहिता एवं अन्य ग्रंथ संदर्भ**:
  - **चरक संहिता**: मूत्रमार्ग से रक्तस्त्रुती होने से शतावरी और गोक्षुर को क्षीर में उबालकर दे (चि.4)। रक्तातिसार में शतावरी चूर्ण को क्षीर के साथ दे (चि.10) वातपित्तजन्य विसर्प में शतावरी का कन्द धौतघृत में घिसकर लेप करे (चि.11)। अपस्मार में शतावरी को क्षीर के साथ दे (चि.16)।
  - **सुश्रुत संहिता**: शकुनि नामक ग्रह में शतावरी की माला कण्ठ में धारण करे (चि.30)। वातज्वर में शतावरी और गुडूची स्वरस गुड के साथ लें (उ.39)। कफजन्य स्वरभेद में शतावरी चूर्ण गोमूत्र के साथ दे (उ.51)।
  - **वाग्भट संहिता**: रसायन के लिये शतावरी का कल्क या क्वाथ से सिद्ध किया हुवा घृत का उपयोग करे (चि.39)।
  - **हारीत संहिता**: मूत्रकृच्छ्र में शतावरी चूर्ण शीतल जल से पिलाना चाहिये।
  - **चक्रदत्त**: पित्तज शूल में शतावरी स्वरस मधु के साथ दे।
- **निघंटु संदर्भ**:
  - **भावप्रकाश निघंटु**: छोटी शतावरी मधुर और तिक्त रस युक्त, गुरु, शीतवीर्य, रसायन, स्तन्यवर्धक, जठराग्निवर्धक, पुष्टिदायक, स्निग्ध, नेत्रहितकर, बल कारक एवं गुल्म, अतिसार, पित्त-रक्त तथा शोथ को दूर करने वाली है। बड़ी शतावरी मेधा तथा हृदय के लिये हितकर, वृष्य, रसायन, शीतवीर्य एवं ग्रहणी और नेत्र रोग को दूर करने वाली है।
  - **राज निघंटु**: राज निघंटु में शतावरी और महाशतावरी वर्णित है।

दोनों शतावरी शीत, मधुर, कफ-वातहर और श्रेष्ठ रसायन है।

- **प्रिय निघंटु**: शतावरी शीतवीर्य, तिक्त-मधुर, रसायन, स्तन्यजनन, बल्य और वात-पित्तशामक है।
- **धन्वंतरि निघंटु**: शतावरी शीतवीर्य, तिक्त-मधुर, क्षय, रक्तविकार को दूर करने वाली, रसायन, वृष्य और वात-पित्तशामक है। नेत्ररोग, रक्तपित्त और अपस्मार में लाभकारी है।
- **कैयदेव निघंटु**: शतावरी शीतवीर्य, तिक्त-मधुर, गुरु, रसायन, स्निग्ध, बलकारक, स्तन्यवर्धक, मेध्य, अग्नि को उत्तेजित करने वाली, पुष्टिकारक, नेत्र हितकर, वात-पित्तशामक, रक्तविकार और अतिसार को नष्ट करने वाली है।

❖ **Phamacodynamic**

| | |
|---|---|
| रस: मधुर, तिक्त | गुण: गुरु, स्निग्ध |
| वीर्य: शीत | दोषकर्म: वात-पित्तशामक |
| विपाक: मधुर | |

❖ **प्रयोज्य अंग**: मूल

❖ **Action:** Nutritive Tonic, Rejuvenative, Galactogogue, Laxative, Antispasmodic, Antacid, Diuretic

❖ **उपयोग**: शतावरी का उपयोग स्तन्यक्षय, स्तन्य विकार और स्त्री के मूत्रगतविकार में करना चाहिये। *Ayurvedic Pharmacopoeia of India* के अनुसार शतावरी स्तन्य विकार, मूत्रगत रक्तस्राव, रक्तविकार और अतंर्दाह (Hyperacidity) में प्रयुक्त है।

❖ **विशेष उपयोग (Special Remedy):**

- अपस्मार में शतावरी मूल से सिद्ध क्षीर का प्रयोग किया जाता है।
- परिणामशूल में शतावरी मूल का मधु के साथ प्रयोग करे।
- शतावरी मूल और गुडूची गुड के साथ ज्वर में प्रयुक्त होती है।
- नेत्राभिष्यंद में शतावरी सिद्ध क्षीर का आर्द्रक स्वरस के साथ प्रयोग किया जाता है।
- स्तन्यक्षय में शतावरी सिद्ध क्षीर प्रयोग करे।
- शतावरी रोगप्रतिकारक शक्ति बढ़ाने में मदद करती है।
- आमाशयगत व्रण और Hyperacidity में शतावरी स्वरस लाभकारी है।

- शतावरी क्रोध, शोक और चिड़चिड़ापन को शमन करती है।

❖ **औषधि स्वरूप**: चूर्ण, सिद्धक्षीर

❖ **प्रमुख योग**: नारायण तैल, विष्णु तैल, शतावरी घृत

# 57. शंखपुष्पी

- **हिन्दी नाम**: शंखाहुली
- **सस्कृत नाम**: मांगल्यकुसुमा
- **वानस्पतिक नाम:** *Convolvulus pluricaulis* Choisy.
- **फॅमिली:** Convolvulaceae
- **संहिता एवं अन्य ग्रंथ संदर्भ**:
  - **चरक संहिता**: बुद्धि वर्धन के लिये रसायन स्वरूप शंखपुष्पी स्वरस या चूर्ण मधु के साथ ले, और ऊपर से क्षीर सेवन करे (चि. 1/122)। अपस्मार में शंखपुष्पी कारसायन स्वरूप प्रयोग करे (चि. 15/58)।
  - **चक्रदत्त**: उन्माद में शंखपुष्पी स्वरस का मधु और कुष्ठ चूर्ण के साथ प्रयोग करे।
- **निघंटु संदर्भ**:
  - **भावप्रकाश निघंटु**: शंखपुष्पी कषाय रस युक्त, सारक, उष्णवीर्य, मेधा हितकर, मानसरोगहर, स्मृति-बल-कांति वर्धक, जठराग्निवर्धक और रसायन है। शंखपुष्पी वर्ण, अग्नि, बल, आयु एवं कांति को बढ़ाने वाली है। यह अपस्मार, भूतबाधा, कुष्ठ, और कृमि को नष्ट करने वाली है।
  - **राज निघंटु**: शंखपुष्पी हिम, तिक्त, मेध्य और स्वर को बढ़ाने वाली, ग्रह-भूतदोषघ्न है।
  - **प्रिय निघंटु**: शंखपुष्पी ईषतशीत, मेध्य और मानसरोगहर है। यह तिक्त एवं मधुर, पिच्छिल और गुरु है। शंखपुष्पी बल-कांति वर्धक, उन्माद और अपस्मार को नष्ट करने वाली है।
  - **धन्वंतरि निघंटु**: शंखपुष्पी रस में कटु-तिक्त, उष्णवीर्य है। कासघ्न, पित्त-कफघ्न, अपस्मार, मेध्य और रसायन है। यह मस्तिष्कदौर्बल्य, उन्माद, हृद्रोग, रक्तवमन, मूत्रकृच्छ्र, अग्निमांध्य, स्वरभेद को नष्ट करने वाली है।
  - **कैयदेव निघंटु**: शंखपुष्पी सारक, स्वर्या, रस में कटु-तिक्त, किंचित

उष्णवीर्य, रसायन है। वर्ण, अग्नि, बल, आयु एवं कांति को बढ़ाने वाली है। यह अपस्मार, भूतबाधा, कुष्ट, और कृमि को नष्ट करने वाली है।

❖ **Phamacodynamic**

रस: तिक्त गुण: स्निग्ध, पिच्छिल
वीर्य: शीत दोषकर्म: त्रिदोषहर विशेपत: वात-पित्तशामक
विपाक: मधुर प्रभाव: मेध्य

❖ **प्रयोज्य अंग**: पंचांग

❖ **Action:** Plant-brain tonic, tranquilizer used in nervine disorders, mental aberration, anxiety neurosis, internal haemorrhages, also astringent, antidysenteric, antispasmodic, febrifuge. Leaf-antiasthmatic, used in chronic bronchitis.

❖ **उपयोग**: *Ayurvedic Pharmacopoeia of India* के अनुसार शंखपुष्पी को अपस्मार (Epilepsy) देना चाहिये।

❖ **विशेष उपयोग (Special Remedy):**

- उन्माद में शंखपुष्पी कल्क का क्षीर के साथ प्रयोग करे।
- भ्रम में शंखपुष्पी पंचांग चूर्ण प्रयोग करे।

❖ **औषधि स्वरूप**: कल्क, पानक, चूर्ण

❖ **प्रमुख योग**: मेध्यरसायन, अमृतादि रसायन, सारस्वतचूर्ण

# 58. शटी

- **हिन्दी नाम**: कपूरकचरी
- **संस्कृत नाम**: पलाशी, गंधमूलिका
- **वानस्पतिक नाम**: *Hedychium spicatium* Buch-Ham
- **फॅमिली**: Zingiberaceae
- **संहिता एवं अन्य ग्रंथ संदर्भ**:
  - **चरक संहिता**: तमकश्वास में शटीचूर्ण पुष्करमूल और आमलकी या लौह भस्म के साथ मधु मिलाकर दे (चि. 17/129)। तमकश्वास में शठ्यादि चूर्णप्रयोग करे (चि. 17/123-134) अंर्श में शटिपत्र प्रयोग करे (चि. 14/92)।
  - **वाग्भट संहिता**: तमकश्वास में शटी चूर्ण पुष्करमूल और आमलकी या लौह भस्म के साथ मधु मिलाकर दे (अ.हृ.चि. 4/39-40)।
- **निघंटु संदर्भ**:
  - **भावप्रकाश निघंटु**: शटी रस में कटु-तिक्त-कषाय, गुण में तीक्ष्ण तथा वीर्य में उष्ण, लघु, ग्राही और मुखशुद्धिकर है। यह कास, श्वास, व्रण, शूल और ग्रहबाधा में उपयोगी है।
  - **राज निघंटु**: शटी तिक्त, अम्ल, लघु, उष्ण, ज्वरघ्न और रुचिकर है। यह कफ और रक्त दोष रोग तथा मुखरोग में उपयोगी है।
  - **प्रिय निघंटु**: शटी उष्णवीर्य, तीक्ष्ण, कटु-तिक्त और कफ-वातशामक है। यह कास, श्वास, तमकश्वास और छर्दी नाशक है।
  - **धन्वंतरि निघंटु**: शटी रस में तिक्त, गुण में तीक्ष्ण तथा वीर्य में उष्ण और मुखशुद्धिकर है। यह सन्निपातज ज्वर, कास, श्वास और ज्वर में उपयोगी है।
  - **कैयदेव निघंटु**: शटी रस में तिक्त-कटु, गुण में तीक्ष्ण तथा वीर्य में उष्ण, लघु, ग्राही और मुखशुद्धिकर है। यह मुख की मलिनता एवं दुर्गंध, त्रिदोष, कास, श्वास, व्रण, शुल, हिध्मा, और ज्वर में उपयोगी है।

❖ **Phamacodynamic**

रस: कटु, तिक्त, कषाय गुण: लघु, तीक्ष्ण
वीर्य: उष्ण दोषकर्म: कफ-वातशामक
विपाक: कटु

❖ **प्रयोज्य अंग**: कन्द

❖ **Action:** Anti-inflammatory, antirheumatic, febrifuge, tranquilizer. Essential oil from rhizomes showed antimicrobial activity against both Gram-positive and Gram-negative bacteria.

❖ **उपयोग**: शोथ, कास, श्वास, शुल, आध्मान

❖ **विशेष उपयोग (Special Remedy)**:

- शटी को नारियल के तेल के बूंदों को गर्म करे और इसे गले, उर और पृष्ठ पर लगाये या भाप रूप से लेने से नासारोध (Congestion), श्वसनलिका संकोच (Bronchial Spasms), तमकश्वास, कास और श्वास कष्टाता में लाभदायक होती है।
- शुल, श्वास, छर्दी, कंडु, मुखरोग में शटी चूर्ण के रूप में प्रयोग करे।

❖ **औषधि स्वरूप**: चूर्ण, क्वाथ

❖ **प्रमुख योग**: शठ्यादि चूर्ण, शठ्यादि क्वाथ

# 59. शिग्रु

- ❖ **हिन्दी नाम**: सहिजन
- ❖ **संस्कृत नाम**: अक्षीव
- ❖ **वानस्पतिक नाम**: *Moringa oleifera* Linn
- ❖ **फॅमिली**: Moringaceae
- ❖ **संहिता एवं अन्य ग्रंथ संदर्भ**:
  - ➢ **चरक संहिता**: श्वास और हिक्का में शिग्रुपत्र क्वाथ दे (चि.21)।
  - ➢ **सुश्रुत संहिता**: कुष्ठ के क्षत में शिग्रु तैल लगाये (चि.9)। अपची में शिग्रुवीज चूर्ण का नस्य दे। (चि.18)
  - ➢ **वागभट संहिता**: नेत्रवेदना में शिग्रुपत्र स्वरस में मधु डालकर नेत्र में डाले।
  - ➢ **हारीत संहिता**: शिर:शूल में शिग्रुमूल रस में गुड मिलाकर नस्य दे।
  - ➢ **वंगसेन संहिता**: कृमि में शिग्रु क्वाथ मधु के साथ दे। दद्रु में शिग्रुमूलत्वक घिसकर लेप करे। प्रतिश्याय, कास और श्वास में शिग्रुमूलत्वक घृत और तैल का धूपन दे।
- ❖ **निघंटु संदर्भ**:
  - ➢ **भावप्रकाश निघंटु**: शिग्रु का रस कटु, कटु विपाक, तीक्ष्ण, उष्णवीर्य, मधुर, लघु, अग्निदीपक, रोचक, रुक्ष, क्षार, तिक्त रसयुक्त, हृदयहितकर, नेत्रहितकर, कफ-वात नाशक एवं विद्रधि, शोथ, कृमि, मेदोरोग, अपची, प्लीहा, गुल्म और गलगण्ड में उपयोगी है। शिग्रु बीज नेत्ररोगों में हितकर, उष्णवीर्य और कफ-वातशामक है।
  - ➢ **राज निघंटु**: शिग्रुकटु, तिक्त, तीक्ष्ण, उष्ण, कफ-वात नाशक और मुखजाड्यहर है। यह रुचिकर, दीपन और व्रणघ्न है।
  - ➢ **प्रिय निघंटु**: शिग्रु उष्णवीर्य, तीक्ष्ण, कटु-तिक्त और कफ-वातशामक है। यह शोथ, कृमि, गण्ड और नेत्ररोगों में उपयुक्त है।
  - ➢ **धन्वंतरि निघंटु**: शिग्रु उष्णवीर्य, तिक्त-कटु, कफ-वातशामक है। यह कृमि, आमदोप, मेदोरोग, प्लीहारोग, नाड़ीदौर्बल्य, पक्षाघात और

अग्निमांध्य में उपयुक्त है।

> **कैयदेव निघंटु**: शिग्रु उष्णवीर्य, कटु-तिक्त रस तथा मधुर रसयुक्त, तीक्ष्ण, लघु, अग्निदीपक, रोचक, रुक्ष, क्षारीय, संग्राही, हृद, नेत्र हितकर, कफ-वातशामक है। यह शोथ, कृमि, मेदोरोग, अपची, प्लीहारोग और गलगण्ड में उपयुक्त है।

❖ **Phamacodynamic**

| | |
|---|---|
| रस: कटु (क्षारीय), तिक्त | गुण: लघु, रुक्ष, तीक्ष्ण |
| वीर्य: उष्ण | दोषकर्म: कफ-वातशामक |
| विपाक: कटु | |

❖ **प्रयोज्य अंग**: मूलत्वक, बीज, पत्र

❖ **Action:** All parts of the tree are reported to be used as cardiac and circulatory stimulant. Pods-antipyretic, anthelmintic; Root and fruit-antiparalytic. Root-bark-antiviral, anti-inflammatory, Seeds-anti-inflammatory, antispasmodic and diuretic.

❖ **उपयोग**: शिग्रुमूलस्वरस का उपयोग नाड़ी दौर्बल्य, तमकश्वास और यकृत-प्लीहा वृद्धि में करना चाहिये। गल शोथ और स्वरभेद में क्वाथ का गंडुष करना चाहिये। शिग्रु पत्र स्वरस हिक्का, श्लैष्मिक ज्वर, प्रतिश्याय अथवा श्लेष्मस्राव संबंधी विकारों में करना चाहिये। *Ayurvedic Pharmacopoeia of India* के अनुसार शिग्रु के शुष्क मूल त्वक का प्रयोग गण्डमाला (Goiter), मूत्र शर्करा और Lipid Disorders में करना चाहिये।

❖ **विशेष उपयोग (Special Remedy)**:

- विद्रधि में मूलस्वरस मधु के साथ या छाल का क्वाथ हिंगु या सैन्धव लवण के साथ दे।
- कर्ण शूल में सुकोष्ण बीज स्वरस कान में डाले। सर्षप तैल के साथ छाल का तैल सिद्ध करे और कर्ण शूल में प्रयोग करे।
- कृमि में बीज चूर्ण का प्रयोग करे।
- पत्र स्वरस का हिक्का (Hiccough) में प्रयोग करते है।
- शिग्रुपत्र को पकाकर श्वसनकज्वर (Influenza) और प्रतिश्याय में दिया जाता हैं।
- विसर्प में छाल का कल्क गरम करके लगाये।
- दद्रु में मूलक स्वरस के साथ छाल का कल्क का लेप करे।
- आमजशूल में छाल का कल्क भर्जित हिंगु के साथ दे।

- **औषधि स्वरूप**: चूर्ण, स्वरस
- **प्रमुख योग**: एकांगवीररस (भावना द्रव्य)

# 60. शुण्ठी

- **हिन्दी नाम**: सोंठ
- **संस्कृत नाम**: नागर, विश्वभेषज
- **वानस्पतिक नाम**: *Zingiber officinale* Rosc
- **फॅमिली:** Zingiberaceae
- **संहिता एवं अन्य ग्रंथ संदर्भ**:
  - **चरक संहिता**: अतिसार में शुण्ठी और उशीर के साथ सिद्ध किया जल का प्रयोग बताया गया है (चि.10)। आमपाचनार्थ सुकोष्ण जल के साथ शुण्ठी चूर्ण का प्रयोग करे।
  - **सुश्रुत संहिता**: कर्णशूल में आर्द्रक स्वरस में तैल, मधु और सैन्धवलवण मिलाकर, सुकोष्णकर कान में डालने को कहा है (चि.5)। कामला में शुण्ठी चूर्ण गुड के साथ दे (चि.44)।
  - **वाग्भट संहिता**: कर्णशूल में आर्द्रक स्वरस को सुकोष्णकर कान में डालने को कहा है (उ.18/22)।
  - **चक्रदत्त**: श्वास, कास और प्रतिश्याय में आर्द्रक स्वरस मधु के साथ दे। शुण्ठी क्षुधावर्धक है।
  - **शारंगधर संहिता**: परिणामशूल में शुण्ठी, तिल और गुड का मिश्रण क्षीर के साथ प्रयोग करे। संग्रहणी में शुण्ठी और बाल बिल्व का चूर्ण मसूर के साथ दे।
- **निघंटु संदर्भ**
  - **भावप्रकाश निघंटु**: शुण्ठी कटु रस, मधुरविपाक, गुण में स्निग्ध, उष्णवीर्य, लघु, रुचिकर, वृष्य, स्वर्या, ग्राही और विबन्ध को दूर करती है। यह छर्दी, श्वास, कास और आनाह को दूर करने वाली है।
  - **राज निघंटु**: शुण्ठी कटु, उष्ण, स्निग्ध, कफ, शोफ और वातहर है। यह शूल, विबन्ध, आध्मान और श्वास में उपयोगी है। आर्द्रक कटु, उष्ण, हृद्द, विपाक में लघु और शीतल है। यह दीपन, रुचिकर, कफघ्न और कंठ्य रोग में उपयोगी है।

- **प्रिय निघंटु**: शुण्ठी वातानुलोमक, दीपन, पाचन और कफ-वातशामक है। आर्द्रक का रस मधु मिलाकर लेने से श्वास, कास, अरुचि और प्रतिश्याय नष्ट होता है।
- **धन्वंतरि निघंटु**: शुण्ठी गुण में स्निग्ध, उष्णवीर्य, कटु रसात्मक और वृष्य है। यह अरुचि, अग्निमांध्य, वातरोग, श्वास, पाण्डु में उपयोगी है। आर्द्रक रस कटु, वीर्य -उष्ण, कफ-वातघ्न, स्वर हितकर, रुचिकर और हृद है। यह विबन्ध, आनाह और शूल में लाभकारी है।
- **कैयदेव निघंटु**: शुण्ठी कटु रस, मधुरविपाक, गुण में स्निग्ध, उष्णवीर्य, लघु, रुचिकर, मलसंग्राही, हृद और वात-विबन्ध को दूर करती है। यह अग्निदीपक, पाचक, स्वर्या, वात-कफनाशक एवं शूल, आनाह, श्वास, कास, आम, वमी और हिक्का में उपयोगी है। आर्द्रक रस कटु, वीर्य उष्ण, कफ-वातघ्न, स्वर हितकर, अग्निदीपक और रुचिकर है। यह विबन्ध, आनाह और शूल को दूर करने वाला है।

❖ Phamacodynamic

| | |
|---|---|
| रस: कटु | गुण: लघु, स्निग्ध (शुण्ठी) गुरु, रुक्ष, तीक्ष्ण (आर्द्रक) |
| वीर्य: उष्ण | दोषकर्म: कफ-वातशामक |
| विपाक: मधुर (शुण्ठी) कटु (आर्द्रक) | |

❖ **प्रयोज्य अंग**: कन्द

❖ **Action:** Antiemetic, Stomachic, Expectorant, Anti-Inflammatory

❖ **उपयोग**: शुण्ठी का उपयोग पाचन, छर्दी, श्वास, शूल, कास, अतिसार, कुष्ठ, पाण्डु और अग्निदीपक के लिये करना चाहिये।

❖ **विशेष उपयोग (Special Remedy):**

आद्रक [Special Remedy]

- अतिसार के लिये, उबलते पानी में 1 चम्मच आर्द्रक रस डालकर पानार्थ प्रयोग करे।
- पाचन समस्याओं को ठीक करने के लिये बारीक कटा हुआ आर्द्रक को लवण के साथ भोजन से पहले सेवन किया जाता है।

- हिक्का में कटे आर्द्रक का प्रयोग लाभप्रद होता है।
- अजीर्ण में आर्द्रक स्वरस, नींबू स्वरस और काला नमक का मिश्रण भोजन के पहले और बाद में लेना लाभप्रद होता है।
- प्रतिश्याय के लिये आर्द्रक स्वरस का मधु के साथ प्रयोग करे।
- तमक श्वास में आद्रक को घृत में भर्जित करके सेवन करे।
- कटे हुए आर्द्रक को पानी में उबालकर उसमें मिश्री डालकर उसका कास में प्रयोग करे।
- आर्द्रक स्वरस को सुकोष्ण जल में डालकर गंडुप हेतु प्रयोग मुखदुर्गंध नाशक होता है।
- कर्णशुल में आर्द्रक स्वरस को गरम करके कान में 2-3 बुँद डाले।

**शुण्ठी [Special Remedy]**

- शुण्ठी चूर्ण को हिंगु और सैन्धव लवण के साथ सुकोष्ण जल से उदरशूल में दिया जाता है।
- अजीर्ण में शुण्ठी चूर्ण का सैन्धव लवण के साथ सुकोष्ण जल से प्रयोग किया जाता है।
- मूत्रप्रवर्तन के समय होने वाले शूल में तथा रक्तस्राव में शुण्ठी चूर्ण क्षीर और मिश्री के साथ दे।
- कामला में शुण्ठी के साथ गुड का प्रयोग करे।
- दन्तशुल में शुण्ठी चूर्ण सुकोष्ण जल के साथ दे।
- शुण्ठी चूर्ण का मधु के साथ ज्वर में प्रयोग करे।

❖ **औषधि स्वरूप**: स्वरस, चूर्ण

❖ **प्रमुख योग**: आनंदभैरव रस, पञ्चसमचूर्ण, समशर्कराचूर्ण, रास्नादिक्वाथ, त्रिभुवनकिर्ति रस, श्वास-कास चिंतामणि रस (आर्द्रक-भावना द्रव्य), कल्याणावलेह

# 61. हरीतकी

❖ **हिन्दी नाम**: हर्रे

❖ **संस्कृत नाम**: अभया, पथ्या

❖ **वानस्पतिक नाम:** *Termeinalia chubula* Retz.

❖ फॅमिली: Combretaceae

❖ **संहिता एवं अन्य ग्रंथ संदर्भ**:

- **चरक संहिता**: अतिसार में दोषों के पाचन और निर्हरण के लिये हरीतकी चूर्ण का प्रयोग बताया है (चि. 10/18)। पक्वातिसार में भी हरीतकी चूर्ण देने का विधान है (चि. 19)। पाण्डु (कफज) में गोमूत्र से क्लिन्न हरीतकी नियमित सेवन करने को कहा गया है (चि. 20)।
- **सुश्रुत संहिता**: हिक्का में हरीतकी चूर्ण का प्रयोग बताया है (उ. 5)।
- **वाग्भट संहिता**: हरीतकी क्वाथ का मधु के साथ कण्ठरोग में प्रयोग बताया है (उ. 22)। साथ ही आमाजीर्ण में भी हरीतकी चूर्ण देने का विधान है।
- **चक्रदत्त**: हरीतकी का सूक्ष्मचूर्ण घृत के साथ पीसकर उसका नेत्ररोग में बिडालक करना चाहिये।

❖ निघंटु संदर्भ:

- **भावप्रकाश निघंटु**: हरीतकी में लवण रस छोड़कर सभी रस होते है। यह उष्ण वीर्य, रुक्ष, अग्निदीपक, मधुरविपाक, रसायन, नेत्र हितकर, पचने में हलकी, आयुवर्धक, बृंहण और अनुलोमन होती है।यह श्वास, कास, कुष्ठ, कृमि, स्वरभेद, विबन्ध, ग्रहणी, विषमज्वर, हिक्का, छर्दी, कंडु, कामला, आनाह, प्लीहा, यकृत, मूत्रकृच्छ्र और मूत्रघात में लाभकरी है।
- **राज निघंटु**: इसके अनुसार भी हरीतकी में लवण रस छोड़कर सभी रस होते है। यह रेचनी, कोष्ठ शुद्धिकर, रसायनी, नेत्ररोगहर, त्वकरोगहर और योगवाही है।
- **प्रिय निघंटु**: हरीतकी में लवण रस छोड़कर सभी रस होना बताया

गया है। यह उष्ण वीर्य दोषानुलोमनी, लघु, त्रिदोषहर, दीपन और पाचन है। विशेषत: वातशामक है। हरीतकी उदावर्त, शोथ, पाण्डु, स्वरभेद और तीव्र कास में उपयोगी है।

➢ **धन्वंतरि निघंटु**: इसके अनुसार भी हरीतकी में छः रसों में से लवण रस छोड़कर सभी रस होते है। यह त्रिदोषहर, लेखन, मेध्य, नेत्र हितकर, वातानुलोमक, हृद्या और इंद्रिय प्रसादिनी है। हरीतकी कुष्ठ, व्रण, छर्दी, मूत्रकृच्छ, मस्तिष्कदौर्बल्य, दृष्टिमांध्य, अग्निमांध्य, मूत्राघात और जीर्णज्वर में उपयोगी है।

➢ **कैयदेव निघंटु**: हरीतकी में लवण रस के अलावा सभी रस होते है। यह उष्ण वीर्य, मधुरविपाक, रुक्ष, लघु, आयुष्य, बृंहण, दीपन, पाचक, बुद्धिवर्धक, रसायन, नेत्र हितकर और बल-बुद्धि-स्मृति देनेवाली है। हरीतकी कुष्ठ, पाण्डु, स्वरभेद, कास, जीर्णज्वर, विषमज्वर, कामला, ग्रहणी, शोष, अतिसार, कृमि, श्वास, कास, प्लीहावृद्धि, आनाह, अरुचि, हिक्का और त्रिदोष में उपयोगी है।

❖ **Phamacodynamic**

| | |
|---|---|
| रस: पंचरस (लवणवर्जित) कषायप्रधान | गुण: लघु, रुक्ष |
| वीर्य: उष्ण | दोषकर्म: त्रिदोषहर (विशेषत: वातशामक) |
| विपाक: मधुर | प्रभाव: त्रिदोषहर |

❖ **प्रयोज्य अंग**: फल

❖ **Action:** Gentle purgative, stomachic, antibilious, Bark-diuretic

❖ **उपयोग**: हरीतकी का उपयोग आध्मान, विबन्ध, अतिसार, प्रवाहिका, छर्दी, यकृत-प्लीहा रोग, कास और तमकश्वास में करते है। *Ayurvedic Pharmacopoeia of India* के अनुसार हरीतकी के पक्व फल का चूर्ण ज्वर, जीर्ण ज्वर, पाण्डु और बहुमूत्रता में करना चाहिये।

❖ **विशेष उपयोग (Special Remedy)**:

- हरीतकी चूर्ण का मधु के साथ कास में प्रयोग करे।
- जीर्ण कास में हरीतकी चूर्ण, आमलकी चूर्ण और यष्टिमधु चूर्ण का मिश्रण मधु के साथ प्रयुक्त करे।
- विबन्ध और अजीर्ण में हरीतकी चूर्ण का सुकोष्ण जल के साथ प्रयोग

करे।

- स्थौल्य में हरितकी क्काथ मधु के साथ प्रदान करे।
- नेत्ररोग जैसे अभिष्यंद में हरीतकी से बना त्रिफला चूर्ण का हिम बनाकर उसका सुबह नेत्र प्रक्षालनार्थ प्रयोग करे।
- हरितकी में जीवाणुरोधी गुण होते हैं जो युवानपिडिका में प्रभावी कार्य करते हैं। हरितकी चूर्ण और उबला हुआ पानी लें, एक कल्क बनाये और इसे युवानपिडिका पे लेप लगाये।
- हरितकी रोग प्रतिकारक शक्ति बढ़ाने का कार्य करता है और हरीतकी चूर्ण नियमित रूप से घृत में भर्जित करके सेवन करने से आयु बढ़ जाती है।

❖ **औषधि स्वरूप**: चूर्ण, क्काथ, अरिष्ट

❖ **प्रमुखयोग**: अभयादि मोदक, पथ्यादि वाटी, व्याघ्रिहरीतकी, अभयारिष्ट, तक्रारिष्ट

# 62. हरिद्रा

- **हिन्दी नाम**: हलदी
- **संस्कृत नाम**: निशा, कृमिघ्ना
- **वानस्पतिक नाम**: *Curcuma longa* linn
- **फॅमिली**: Zingiberacae
- **संहिता एवं अन्य ग्रंथ संदर्भ**:
  - **चरक संहिता**: प्रमेह की चिकित्सा में विशेष रूप से उपयोग बताया गया है (चि.6)।
  - **सुश्रुत संहिता**: कुष्ठ में एक मास तक गोमूत्र के साथ एक पल की मात्रा में हरिद्राचूर्ण का प्रयोग करने का निर्देश है (चि.9/43)।
- **निघंटु संदर्भ**:
  - **भावप्रकाश निघंटु**: हरिद्रा कटु तथा तिक्त रस युक्त, रुक्ष, उष्णवीर्य, कफ-पित्तनाशक, शरीर के वर्ण को उज्ज्वल करने वाली और चर्मदोष, रक्तविकार, शोथ और पाण्डु को दूर करने वाली है।
  - **राज निघंटु**: हरिद्रा कटु, तिक्त उष्ण, कफ-वातघ्न और कुष्ठघ्न है। कंडु और व्रण नाशक तथा देह और वर्ण को हितकरी है।
  - **प्रिय निघंटु**: हरिद्रा तिक्त, उष्ण वीर्य तथा शीतपित्त, त्वकविकार और व्रण में उपयोगी है।
  - **धन्वंतरि निघंटु**: हरिद्रा रस में कटु, गुण में रुक्ष, उष्णवीर्य है। हरिद्रा कुष्ठ, कंडु, कृमि, पीनस, और अरुचि में उपयोगी है।
  - **कैयदेव निघंटु**: हरिद्रा रस में तिक्त-कटु, गुण में रुक्ष, उष्णवीर्य, वर्ण को सुधारने वाली और कफ-पित्त नाशक है। हरिद्रा पाण्डु, त्वकदोष, व्रण, अपची और शोथ को दूर करने वाली है।
- **Phamacodynamic**

| | |
|---|---|
| रस: तिक्त, कटु | गुण: रुक्ष, लघु |
| वीर्य: उष्ण | दोषकर्म: कफ-वातशामक |
| विपाक: कटु | |

- ❖ **प्रयोज्य अंग**: कन्द
- ❖ **Action:** Anti-inflammatory, Cholagogue, Hepatoprotective, Blood-Purifier, Antioxidant, Detoxifier And Regenerator of Liver Tissue, Antiasthmatic, Antiprotozoal, Stomachic, Carminative.
- ❖ **उपयोग**: कृमि, प्रमेह, त्वकरोग, पाण्डु
- ❖ **विशेष उपयोग (Special Remedy):**
    - कर्णपाक में हरिद्रा कन्द स्वरस को सर्षप तैल में सिद्ध कर उसकी 2-4 बुँदे कान में डालें।
    - कुष्ठ में गोमूत्र के साथ हरिद्राकन्द कल्क का लेप करे।
    - अरुंषिका में हरिद्रा चूर्ण और सर्षप तैल के मिश्रण का स्थानिक लेप करे।
    - दद्रुमें गोमूत्र के साथ हरिद्रा चूर्ण का प्रयोग करे।
    - बालरोग में हरिद्रा चूर्ण को भर्जित कर उसका मधु के साथ प्रयोग करे।
    - मसूरिका में हरिद्रा पत्र का चूर्ण शीतल जल के साथ दे।
- ❖ **औषधि स्वरूप**: चूर्ण
- ❖ **प्रमुख योग**: हरिद्राखण्ड, कल्याणावलेह, दशांगलेप

# 63. हिंगु

- **हिन्दी नाम**: हिंग
- **संस्कृत नाम**: सहस्त्रवेधि, रामठ, जतुक
- **वानस्पतिक नाम:** *Ferula foetida* Regel.
- **फॅमिली:** Umbelliferae

## निघंटु संदर्भ:

- **भावप्रकाश निघंटु**: हिंगु पाचक, उष्णवीर्य, रुचिकर, वात-कफशामक, शूल, गुल्म, उदर संबंधी रोग, आनाह और कृमि नाशक है।
- **राज निघंटु**: हिंगु उष्ण, कटु, कफ-वातशामक, चक्षुष्य और कृमिघ्न है। यह विबन्ध, आध्मान, शूल और गुल्म नाशक है।
- **प्रिय निघंटु**: हिंगु अतिउष्ण, कटु, कफ-वातशामक, दीपन, आध्मान, शूलनाशक और संज्ञास्थापक है।
- **धन्वंतरि निघंटु**: हिंगु रस में कटु, गुण में तीक्ष्ण, वीर्य में उष्ण, हृद्द और वात-कफ शामक है। यह कृमि, आध्मान, विबन्ध, अग्निमांध्य, उदर-हृदय-बस्ती शूल, ज्वर और कास में लाभकरी है।
- **कैयदेव निघंटु**: हिंगु रस में कटु-तिक्त, कटुविपाक, वीर्य में उष्ण, लघु, पाचन, दीपन और वात-कफ शामक है। यह आनाह, कास-श्वास, हृद्रोग, शूल और कृमि में लाभकरी है।

## Phamacodynamic

| | |
|---|---|
| रस: कटु | गुण: लघु, स्निग्ध, तीक्ष्ण |
| वीर्य: उष्ण | दोषकर्म: कफ-वातशामक |
| विपाक: कटु | |

- **प्रयोज्य अंग**: निर्यास
- **Action:** Memory Enhancing, Digestive Enzyme, Antioxidant, Antispasmodic, Hepatoprotective, Antiviral, Antifungal and Anthelmintic
- **उपयोग**: हिंगु अन्नवह स्रोतस, प्राणवह स्रोतस और नाड़ीवह स्रोतस के लिये वल्य है। इसका उपयोग अजीर्ण, विवन्ध, काली ख़ासी (Whooping Cough), श्वसनीशोथ (Bronchitis), नाड़ीरोग और अपस्मार में करते है।
- **विशेष उपयोग (Special Remedy):**
    - दन्तरोग और कृमिदन्त में भर्जित हिंगु का उपयोग स्थानिक प्रयोगार्थ किया जाता है।
    - वालकों के उदरशूल में हिंगु को जल में भिगोकर उसका नाभिपर लेप किया जाता है।
    - कामला में शुद्ध जल में हिंगु घिसकर उसका नेत्र में अंजन किया जाता है।
- **औषधि स्वरूप**: चूर्ण
- **प्रमुख योग**: हिंग्वाष्टक चूर्ण, हिंग्वादी वटी, कृमिकुठार रस, दाड़िमाष्टकचूर्ण, महामाषतैल

## A. द्रव्यों के मुख्यकर्म

| क्र. | द्रव्य नाम | मुख्य कर्म |
|---|---|---|
| 1. | अजमोदा | शुलप्रशमन, दीपन |
| 2. | अतिबला | बल्य |
| 3. | अतिविषा | दीपन, बाल रोग विशेष: |
| 4. | अश्वगंधा | रसायन, बल्य |
| 5. | आमलकी | रसायन, कास-श्वासघ्न, रोगप्रतिकार शक्ति वर्धक |
| 6. | आरग्वध | कुष्ठघ्न, मृदुविरेचक |
| 7. | एरंड | वेदनास्थापक, तीक्ष्ण विरेचक |
| 8. | एला | दाहप्रशमन, दीपन |
| 9. | कंटकारी | कासहर |
| 10. | करंज | कंडुघ्न |
| 11. | कर्कटशृंगी | कासहर |
| 12. | कांचनार | गण्डमालानाशक |
| 13. | कालमेघ | यकृतरोगहर |
| 14. | किराततिक्त | ज्वरहर |
| 15. | कुटकी | मलभेदन |
| 16. | कुटज | आमहर, अतिसारघ्न |
| 17. | कुमारी | तीक्ष्णविरेचन, त्वकरोग नाशक |
| 18. | कूष्माण्ड | मेंध्य, बल्य, बृंहण, कृशताहर |
| 19. | खदिर | कुष्ठघ्न |
| 20. | खर्जूर | बृंहण, कास-श्वासघ्न |
| 21. | गुडूची | रसायन, ज्वरघ्न |
| 22. | गोक्षुर | मूत्रविरेचनीय, मूत्रकृच्छ्ररोगहर |
| 23. | चक्रमर्द | कुष्ठघ्न |
| 24. | जटामांसी | संज्ञास्थापन, नाड़ीदौर्बल्य, निद्राकर |
| 25. | जीरक | दीपन |
| 26. | ज्योतिष्मती | मेध्य, कुष्ठघ्न, स्वेदजनन |
| 27. | तालिशपत्र | श्लेष्महर, कफ-कास-श्वासघ्न |
| 28. | तुलसी | कृमिघ्न, ज्वरहर, प्रतिश्याय नाशक, विषमज्वरघ्न |
| 29. | त्वक | श्लेष्महर, कफ-कास-श्वासघ्न |
| 30. | दाड़िम | रोचक |
| 31. | दूर्वा | प्रजास्थापक, रक्तस्तंभक |

| | | |
|---|---|---|
| 32. | द्राक्षा | स्नेहोपग, बल्य, रेचक |
| 33. | धान्यक | तृष्णानिग्रहण, दीपन |
| 34. | नारिकेल | केश्य, बल्य |
| 35. | निम्ब | कंडुघ्न, त्वकरोगनाशक |
| 36. | पलांडू | वेदनास्थापन, कृमिघ्न, वातहर |
| 37. | पलाश | कृमिघ्न |
| 38. | पिप्पली | कासहर |
| 39. | पुनर्नवा | मूत्रविरेचनीय |
| 40. | पुष्करमूल | श्वासहर |
| 41. | बिभीतकी | श्लेष्महर |
| 42. | बिल्व | ग्राही |
| 43. | ब्राह्मी | मेध्य, कुष्ठघ्न, ज्वरघ्न |
| 44. | भूम्यामलकी | मूत्रविरेचनीय, कामलाहर |
| 45. | मंजिष्ठा | रक्तप्रसादन |
| 46. | मंडूकपर्णी | मेध्य, रसायन, आमपाचन, ज्वरघ्न |
| 47. | मखाना | बल्य, गर्भस्थापक |
| 48. | मरीच | दीपन |
| 49. | मुस्ता | पाचन |
| 50. | यष्टिमधु | श्लेष्महर, कास-श्वासघ्न |
| 51. | रसोन | वेदनास्थापन, कृमिघ्न, वातहर |
| 52. | लवंग | श्लेष्महर, कफ-कास-श्वासघ्न |
| 53. | वचा | संज्ञास्थापन, मेंध्य, |
| 54. | वासा | श्लेष्महर, कफ-कास-श्वासघ्न |
| 55. | विडंग | कृमिघ्न |
| 56. | शंखपुष्पी | मेध्य, स्मृतिवर्धक, रसायन |
| 57. | शटी | श्वासहर |
| 58. | शतावरी | वृष्य, स्तन्यजनन |
| 59. | शिग्रु | स्वेदोपग, नेत्रहितकर |
| 60. | शुण्ठी | दीपन, पाचन, ग्राही |
| 61. | हरिद्रा | कुष्ठघ्न, वर्ण्य, त्वकदोषहर, कंडुघ्न |
| 62. | हरीतकी | रसायन, विबन्धहर |
| 63 | हिंगु | दीपन |

B. बालको में औषधि मात्रा का निर्धारण करने के नीचे दिये पुस्तक के संदर्भ का वाचक गण अवलोकन करे।

- Hand Book of Domestic Medicine and Common Ayurvedic Remedies, Central Council for Research in Ayuveda and Siddha (Department of AYUSH) Ministry of Health and Family Welfare (Govt. of India), New Delhi 2005. Page no.349

## C. संदर्भ ग्रंथ सुचि

1. Ayurvedic Herbal Remedies, Prof. K.Neshteswar, Chaukhambha Surbharati Prakshan, First Edition, Varanasi, 2009.

2. Khare CP.(Ed.) Indian Medicinal Plants ISBN: 978-0-387-706375 Springer-VerlagBerlin/Heidelberg

3. Chemistry & Pharmacology of Ayurvedic Medicinal Plants, वै.मुकुंद सवनीस, चौखंबा अमर भारती प्रकाशन, वाराणसी, भाग-1, प्रथम संस्करण, 2006

4. Chopra RN, Chopra IC, Handa KL and Kapur LD. Indigenous Drugs of India, Second Edition, Calcutta, India: B.K. Dhar of Academic Publishers. 1982

5. Classical Uses of Medicinal Plants,Sharma PV, Chaukhambha Visvabharati, Varanasi, Reprint, 2014.

6. Common Healing Herbs, Prem Kishor & M.M. Padhi, Central Councile for Research in Ayurveda & Siddha, Department Of ISM & H, Ministry of Health & Family Welfare (Govt. of India) New Delhi, Reprint, 2005.

7. Encyclopaedia of Indian Medicines, (3 volume set), Usha Srivastava, D.P.S Publication House, Delhi, First Publication, 2011.

8. Hand Book of Domestic Medicine and Common Ayurvedic Remedies, Central Council For Research in Ayurveda And Siddha (Department of AYUSH) Ministry of Health and Family Welfare (Govt. of India), New Delhi, Third Edition, 2005.

9. Illustrated द्रव्यगुणविज्ञान, जे.एल.एन शास्त्री, चौखम्बा ओरिएंटलिया, वाराणसी, पुनर्मुद्रण संस्करण,2010.

10. Indian Medicinal Plants, Forgotten Healers, A Guide To Ayurvedic Herbal Medicine, Dr Prakash Paranjape, Chaukhanbha Sanskrit Pratishthan, 1st Edition, Reprint, Delhi, 2005, 2011, 2012.

11. Major Herbs of Ayurveda, Edited by Elizabeth M. Williamson, Compiled by Dabur Research foundation & Dabur Ayurvet Limited, Forward by Professor Malcolm Hooper, Churchill Livingstone, An imprint of Elsevier Limited, 2002. ISBN: 0 443 07203 5

12. Medicinal Plants Used In Ayurveda (आयुर्वेद उपयोगी औषधीय वनस्पति), Editor-Dr. Sanjiv Rastogi & Prof. V.V. Prasad, Rastriya Ayurveda Vidyapeeth (National Academy of Ayurveda)- An

Autonomous Organization Under The Ministry of AYUSH, Govt. of India, R.A.V Publication - 1st Edition, 2ndEdition, 1998, 2016.

13. Medicinal Plants Used In Ayurveda (आयुर्वेद उपयोगी वनस्पति), Editor-S.K.Sharma, Rastriya Ayurveda Vidyapeeth (National Academy Of Ayurveda)- An Autinomous Organization Under The Ministry Of Health & Family Welfare, Govt. Of India, R.A.V Publication, 1998.

14. Raj Nighantu, Shri Narahri Pandit, By Satish Chandra Sankhyadhar, Compiled and Completed by Dr. Deepika Sankhyadhar, Forward by Prof. ChunekarKC, Chaukhambha Orientalia, Varanasi,Edition First, Reprint, 2012, 2017.

15. Sushrut Samhita, Ancient Indian Surgery, GD Singal & colleagues, Chaukhanbha Sanskrit Pratishthan, Delhi, Second Edition, 2007.

16. The Ayurvedic Pharmacopia of India, Published by The Controller of Publications Civil Lines, Ministry Of Health & Family Welfare (Govt. Of India) Department AYUSH, Delhi, Reprint, 2011, 1(7).

17. The Indian Materia Media. Nadkarni KM. Popular Prakashan,Bombay, 1976.

18. Traditional Herbal Remedies For Primary Health Care, World Health Organization, Regional Office For South-East Asia, 2010. ISBN: 978-92-9022-383-5

19. अष्टांग संग्रह, वाग्भट, गुप्ता के.ए, पुन: मुद्रित, कृष्णदास अकादमी, वाराणसी, 1993.

20. अष्टांग हृदय, वाग्भट संहिता, मूर्ति के.आर.एस, चौखंभा कृष्णदास अकादमी, वाराणसी, संस्करण 9 वां, भाग 1 से 3, 2013.

21. अष्टांग हृदय, वाग्भट, अरुणादत्त की सर्वांगसुंदर और हेमाद्री की आयुर्वेदरसायन टीका, भीष्माचार्य हरिश्चन्द्र परदाकर वैद्य द्वारा संपादित, चौखंभा ओरिएंटलिया वाराणसी, पुनर्मुद्रण नौवीं संस्करण, 2005.

22. आदर्श निघंटु, श्री बापालाल ग. वैद्य, भाग 1 एवं 2, चौखंभा भारती अकादमी, पुनमुर्द्रित, 2013.

23. आयुर्वेद सारसंग्रह, प्रकाशक- श्री बैद्यनाथ आयुर्वेद भवन प्रा. लि. कादम्बरी प्रिंटर्स, ग्रेट नाग रोड, नागपुर, महाराष्ट्र, प्रथम संस्करण, नया संस्करण, 2009, 2012.

24. कैयदेव निघंटु (पथ्यापथ्यविबोधक), संपादक एवं व्याख्याकार आचार्य

प्रियव्रत शर्मा एवं डॉ गुरुप्रसाद शर्मा, चौखंभा ओरिएंटलिया, वाराणसी, पुनमुर्द्रित संस्करण, 2017.

25. चक्रदत्त संहिता, चक्रपाणिविरचित, व्याख्याकार-इंद्रदेव त्रिपाठी, संपादक-आचार्य रमानाथ द्विवेदी, वैद्यप्रभा हिन्दी व्याख्या, चौखंभा संस्कृत संस्थान, वाराणसी, तृतीय संस्करण, 1997.

26. चरक संहिता (वैद्यमनोरमा हिंदी टीका), विद्याधर शुक्ला, रवि दत्त त्रिपाठी, चौखंभा संस्कृत प्रतिष्ठान; वाराणसी, 2010.

27. चरक संहिता, चक्रपाणि टिका, यादवजी त्रिविकमजी आचार्य, संपादक, वाराणसी: चौखंभा संस्कृत संस्थान, पुनर्मुद्रण, 2011.

28. द्रव्यगुणविज्ञान, प्रियव्रत शर्मा, चौखंबा भारती अकादमी, वाराणसी, भाग-2, पुनर्मुद्रण संस्करण, 2005.

29. द्रव्यगुणविज्ञान, प्रो. के. निश्टेश्वरा, डॅा.कोप्पला हेमांद्रि, चौखंबा संस्कृत प्रतिष्ठान, दिल्ली, प्रथम संस्करण, 2010.

30. धन्वन्तरी निघंटु, हिन्दी-गुण-कर्म टिप्पणी सहित, संपादक एवं व्याख्याकार डॉ. झारखण्डे ओझा एवं उमापति मिश्र, चौखंभा सुरभारती प्रकाशन, पुनमुर्द्रित संस्करण, 2004.

31. प्रिय निघंटु, पद्माख्यहिन्दी व्याख्या संवलित, आचार्या प्रियव्रत शर्मा, चौखंभा सुरभारती प्रकाशन, संस्करण, 2015.

32. भावप्रकाश निघंटु, विद्योतिनी टीका, हरिहरप्रसाद पांडे, पंडित श्री ब्रह्मा शंकर मिश्रा द्वारा संपादित, द्वितीय भाग, वाराणसी, चौखंभा भारती अकादमी, पुन: मुद्रित, 2010.

33. भावप्रकाश, भावप्रकाश निघंटु, भावप्रकाश मिश्रा और रुपलालाजी वैश्य, प्रथम भाग, चौखंभा संस्कृत संस्थान, वाराणसी, ग्यारहवीं संस्करण, 2004.

34. भावमिश्र, भावप्रकाश, विद्य्तिनी हिंदी टीका, संपादक-ब्रह्मप्रकाश मिश्रा, चौखंबा संस्कृत संस्थान, वाराणसी, भाग-1,2, ग्यारवा संस्करण, 2004.

35. योगरत्नाकर, वैद्य लक्ष्मीपति शास्त्री, विद्योतिनी हिंदी टीका, भाग 1 एवं 2, संपादक भिषगरत्न ब्रम्हशंकर शास्त्री, चौखंबा प्रकाशन, वाराणसी, संस्करण-पुनर्मुद्रण, 2017.

36. वंगसेन संहिता, हरी हिन्दी व्याख्या सहित, व्याख्याकार पं. हरिप्रसाद

त्रिपाठी, चौखंभा संस्कृत सीरीज आफिस, वाराणसी, प्रथम संस्करण, 2009.

37. शारंगधर संहिता, दीपिका हिन्दी व्याख्या-विशेष वक्तव्यसमन्विता, परिष्कर्ता एवं व्याख्याकार डॉ. ब्रम्हानन्द त्रिपाठी चौखबा सुरभारती प्रकाशन, वाराणसी, परिवर्द्धित संस्करण, 2013.

38. सुश्रुत, सुश्रुत संहिता, सुश्रुतविमर्शिनी-हिन्दी व्याख्या, डॉ अनंत राम शर्मा, चौखंभा सुरभारती प्रकाशन, भाग 1-3, वाराणसी, संस्करण, 2015.

39. हारीत संहिता, हरी हिन्दी व्याख्या सहित, संपादक एवं व्याख्याकार पं. हरिप्रसाद त्रिपाठी, चौखंभा कृष्णदास अकादमी, वाराणसी, द्वितीय संस्करण, 2009.

40. हिमालय की आरोग्यदायी वनस्पतियाँ, एक सचित्र वानस्पतिक निर्देशिका, केंद्रीय आयुर्वेद एवं सिद्ध अनुसंधान परिषद, आयुष विभाग, स्वास्थ एवं परिवार कल्याण मंत्रालय, भारत सरकार, नई दिल्ली, 2008.